Dedico aos meus netos:
Fernanda, **Renata**, **Helena** e **Henrique**

© 2017 por Mario Enzio
© Fotolia/Leigh Prather

Coordenadora editorial: Tânia Lins
Coordenador de comunicação: Marcio Lipari
Capa e projeto gráfico: Jaqueline Kir
Diagramação: Rafael Rojas
Preparação e revisão: Equipe Vida & Consciência

1ª edição — 1ª impressão
3.000 exemplares — fevereiro 2017
Tiragem total: 3.000 exemplares

**CIP-BRASIL — CATALOGAÇÃO NA PUBLICAÇÃO
(SINDICATO NACIONAL DOS EDITORES DE LIVROS, RJ)**

E52m

    Enzio, Mario
    Meu trabalho é um prazer / Mario Enzio. - 1. ed. - São Paulo :
Vida & Consciência, 2017.
    160 p. ; 21 cm

    ISBN 978-85-7722-525-5

    1. Administração de pessoal. 2. Qualificações profissionais.
3. Pessoa - Treinamento. 4. Desempenho. 5. Desenvolvimento
organizacional. I. Título.

17-39572   CDD: 658.3
                                          CDU: 005.95/.96

Todos os direitos reservados. Nenhuma parte desta edição pode ser utilizada ou reproduzida, por qualquer forma ou meio, seja ele mecânico ou eletrônico, fotocópia, gravação etc., tampouco apropriada ou estocada em sistema de banco de dados, sem a expressa autorização da editora (Lei nº 5.988, de 14/12/1973).

Este livro adota as regras do novo acordo ortográfico (2009).

Vida & Consciência Editora e Distribuidora Ltda.
Rua Agostinho Gomes, 2.312 — São Paulo — SP — Brasil
CEP 04206-001
editora@vidaeconsciencia.com.br
www.vidaeconsciencia.com.br

MARIO ENZIO

MEU TRABALHO É UM PRAZER!

SUMÁRIO

Introdução 7
1 - Das pessoas difíceis, das inconvenientes
 até as chatas 10
2 - Das mudanças bruscas, das rupturas 13
3 - Dos que reclamam de quase tudo 16
4 - Dos assuntos que lhe
 passam preocupação 20
5 - De onde vêm as novas ideias 24
6 - Dos que são impostores......................................28
7 - Dos obstáculos que acreditamos existir........32
8 - Da constante preparação...................................36
9 - Das perdas ou do que é perdido......................39
10 - Das paradas com ou sem vontade...............43
11 - Dos nossos encontros...46
12 - Do que falamos e comunicamos 49
13 - Das pendências que aceitamos 53
14 - Dos estilos de cada um.......................................57
15 - Dos sinais que nem
 sempre enxergamos 61
16 - Das criações, inovações: as ideias...................66

17 - Das opiniões, da lógica, do pragmatismo: o simples é sempre melhor..................71
18 - Das leis e dos costumes..................76
19 - Das referências: os mestres visíveis e invisíveis..................82
20 - Das pequenas mudanças e do por pouco..................86
21 - Das coisas em que depositamos esperança..................92
22 - Da capacidade de nossa mente..................98
23 - Das nossas limitações e da saúde total..................103
24 - Dos pequenos desapegos até descartar o lixo interior..................110
25 - Dos talentos e das disposições..................117
26 - Dos acertos em uma conta-corrente..................124
27 - Das rotinas, das realizações, do sucesso..................128
28 - Das repetições, da experiência que ocorre da prática..................136
29 - Dos muros, das pedras mentais, da autossabotagem..................142
30 - Do começo, do presente, do futuro..................150

Introdução

O que dizer numa introdução que fala de micrometas e pequenos desafios?
Que posso mudar de opinião, mas que seja sempre para melhor.
Que, para alcançar uma grande meta, é preciso me desafiar e conquistar pequenas metas.
— Isso basta? Por ora, sim!
Para alcançar objetivos ou obter conquistas quase memoráveis requisitamos uma parte de intuição e outra de razão para tomarmos decisões. Mas, às vezes, refletimos demais, sendo que não precisamos de muito do que já temos para alcançar esse fim.
Mas como conquistar objetivos? O foco é definir metas menores, as micrometas. O foco é essa meta menor, e pouco a pouco chegamos aos objetivos maiores, com observação e simplicidade. São esses elementos da escolha e da sorte que compõem nossos resultados que envolvem acertos e erros. É sempre recomendável considerar fatos antes de agir, fazer ressalvas sem desanimar

e sem se autossabotar. Assim, você conseguirá passar por seus piores dias.

Um dos segredos está na forma de enfrentar — sinceramente — para o *seu bem-estar* os desafios que o afrontam. Esse dado é reforçado por cientistas do comportamento, que afirmam que, em sessenta e seis dias, o cérebro é capaz de se reorganizar se temos interesse em fazer isso. Pensando assim, como fazer quando temos essa pergunta entalada: e, agora, como sair dessa?

Definir metas e desafios que sejam alcançáveis para manter o ânimo de conquistar uma parcela de um objetivo e pensar que temos sempre alguma saída, que devemos focar no problema e que ultrapassaremos um obstáculo bem definido de cada vez nos ajudam a alterar pensamentos cristalizados, enraizados, e influi na maneira como encaramos o resultado.

É como produzir, criar, introduzir novas posturas dentro de um contexto, que, aos poucos, mesmo que não sejam tão profundas, darão o enlace desejado. Usando uma metáfora de navegação, mesmo imperceptíveis correções de rumo podem ser hábeis ao ajustar o traçado do caminho a ser percorrido.

Assim, meditando e pensando nos problemas que temos à frente, nos damos conta de que, superando pequenos desafios por meio de atitudes simples, ou de poucas palavras, somos capazes de produzir efeitos às grandes mudanças.

Não assuma o fracasso e seja capaz de perceber e refletir sobre as intenções dos que o cercam. Vivencie os lugares, ambientes, recintos, espaços, ares, climas e as atmosferas que foram criadas para esse estágio, *como uma pessoa sincera consigo mesmo*, em seu desenvolvimento pessoal ou profissional.

Para ilustrar:

Um rapaz e um idoso conversam sobre sinceridade e ética:

— Puxa! Que tenso! Ser franco e muito verdadeiro afugenta as pessoas. Interrompe uma conversa, acaba com amizades...

— Descobriu isso agora? Bom! Perdi a conta dos que se afastaram de mim!

1
Das pessoas difíceis, das inconvenientes até as chatas

Uma das primeiras afirmações que vêm à mente quando penso em uma pessoa chata é: vou me livrar dessa pessoa. Só que para se livrar de uma pessoa inconveniente na sua vida nem sempre é fácil. Não se trata somente de se afastar da pessoa e tudo está resolvido. Um chato na sua essência insiste na presença, sem ter noção de seus atos indesejados.

Não é só aquela pessoa que aparece sem ser convidada ou que opina quando não é solicitada ou que conta o final do filme ou que grita reclamando por sua amizade em festa de aniversário. Um chato é, antes de tudo, alguém que sofre com a falta que você faz na vida dele. Pensando assim: a culpa do cara ser chato é toda sua, que permite que ele se integre com suas chatices. O chato se torna eterno quando está em seus pensamentos, que existem para lhe dominar.

A figura de uma pessoa inconveniente tem uma pequena diferença que o sujeito chato, ela é aquela que lhe coloca em situações constrangedoras.

Não que um chato não seja inconveniente. Nem que com sua insistência não se torne uma pessoa difícil.

Toda a questão se foca em como lidar com essas pessoas que se, também, formos muito sinceros, iremos magoar. Pergunto-me: será que mesmo sendo uma pessoa com todos esses adjetivos e valores negativos, ainda quero que conviva comigo ou com minha família?

Deixo a resposta aos seus cuidados. Porque não existe a resposta certa. Há a solução do momento, aquela que deixamos de analisar e chegamos a uma decisão que pode ser racional ou emocional. É o momento que irá determinar o que faremos daí para frente.

Ou você tem dúvida de que um chato é a pessoa mais sincera desse mundo? Ele faz o que quer, pode agir com simplicidade, com sua espontaneidade e você só fica observando. Não pode ser assim?

Pessoas que nos desafiam têm a ver com as lições que temos que aprender. Recordo que os meus mais íntimos amigos foram os que me deram mais dores de cabeça. Não os mais chatos que estiveram próximos algum dia. Aprendi lições com todos os tipos.

Às vezes, uma atitude de uma pessoa que consideramos como inconveniente, pode não ser para outra. Já deve ter lido que aos olhos da mãe todo filho parece um fofo, um lindinho, uma pessoa inteligentíssima. Para o chato, ele mesmo é um cara incrível.

O que não podemos é pensar que o chato não tenha jeito. Isso é preconceito. E temos que cuidar de pessoas preconceituosas tanto quanto das que são maçantes. Porque, ambos os casos, não deixa de ser uma chatice. Se você se considera uma pessoa superior, pode ser que o chato seja você. Ou do politicamente adequado?

Cena: Numa cidade grande qualquer

Alguém grita na porta de uma casa:
— Mauro, onde você está?
— Pare de tocar a campainha. Já estou descendo.
Encontrando Paulo na porta da garagem, Mauro não se contém:
— Você sabe que horas são? Sabe que podemos ir ao show mais tarde. Que não precisa ser assim tão cedo?
— É que assim bem cedo podemos pegar um lugar melhor.
— Como? As catracas serão abertas ao meio-dia de amanhã.
— Mas, se chegarmos cedo, pegaremos um bom lugar na fila.
— Impossível! Tem gente que está acampada por lá há dois dias, nem que quiséssemos isso seria possível...
— Mas, vamos, vamos, vamos, vamos...Não quero ser estraga prazer, mas é tão legal ficar na fila. É tão legal...

Por solidariedade ou generosidade pessoas fazem companhia umas às outras.

2
Das mudanças bruscas, das rupturas

Os jornais e as redes de comunicação trazem as informações. Novidades podem ser boas ou ruins. Além dos profissionais da comunicação, temos as pessoas que nos colocam contra a parede com algum assunto desagradável, que nos obrigará a tomar uma nova postura. Alguém chega numa dessas tardes, no final do expediente e lhe dá uma notícia que o decepciona.

Há algo que possa ser feito? Talvez seja possível negociar mais um prazo de tempo. Mas não se consegue. Há determinadas mudanças para as quais não estamos preparados. São determinados momentos em que somos postos à prova, com alguma circunstância que nos surpreende de tal forma, que nos sentimos completamente fora de controle.

Nessas circunstâncias, penso que essas ações que nos chocam, que nos provocam, têm algo que nos faz sair do estado em que estávamos estacionários. Chamo de pontos de ruptura. Pontos de uma mudança forçada. Sem qualquer alternativa. Nem dá para pensar, nem tentar negociar, nem imaginar o dia seguinte.

É algum fato que rompe com o que está estabelecido e impõe uma nova ordem nas coisas. Aquela tal da gota d'água que faltava para acabar um relacionamento, mudar uma lei, alterar um protocolo médico, mandar uma pessoa que se supunha acima do bem e do mal para a cadeia. Mudar de cidade ou não se encontrar mais com um determinado grupo de pessoas. Ou seja, de agora em diante, tudo que você estava fazendo não será mais feito. Tudo será diferente. Entendeu?

Como nos deparamos com notícias, que podem ser ruins para uns, mas boas para outros. Nesses eventos, há uma quebra brusca de rotinas. Invalida tudo que podemos estar tentando controlar. Os que adoram ter a vida nessa faixa de conforto, sob seu domínio, se sentirão desarticulados.

É uma simples ação de comunicação, vem de repente, não envia algum sinal antecipado. Ninguém pode prever, é um ato considerado definitivo, mas pode ser útil a você ou a alguém que você conheça ou a toda uma comunidade.

Fica sempre aquela sensação de quais lições posso estar tirando desse evento. E mesmo que consiga respostas, sempre poderá considerá-las insatisfatórias, pois nem sempre poderemos estar preparados para aceitar essas consequências.

Não quero me alongar ou entrar em detalhes, mas poderá existir pessoas que jamais conseguirão se restabelecer depois de um baque desses. As surpresas e indefinidos estados de choque estão em todas as situações dos relacionamentos.

Cena: Numa empresa transnacional

  Dona Izilda, com seus quase cinquenta anos de serviços prestados, na presença de setenta novos técnicos, gerentes e supervisores, que acabam de ser formados em treinamento, recebe uma homenagem das mãos de um dos novos sócios controladores, o jovem Romeu, que com seu estilo próprio e inovador fala à frente do grupo, apontando para a experiente e sábia senhora:
  — A sua história se confunde com a de nossa organização. Temos muito a aprender, mas pouco tempo para absorver. Quero agradecer sua colaboração, dedicação, em todos esses anos, nessas épocas de tormentos, que essa empresa já passou. Em que muitos frutos foram colhidos, apesar das dificuldades e da superação em vários planos econômicos. Conseguimos sobreviver, é o que conta. Entrego-lhe esse relógio de ouro como prova dessa afeição e carinho. E lhe dedicamos um quadro com sua foto em nossa galeria de melhores empregados.
  Após aquela cerimônia relativamente pomposa e solene, dona Izilda é chamada às pressas pelo jovem Romeu que a demite das suas funções e atribuições com todos os direitos trabalhistas lhe sendo garantidos.

3
Dos que reclamam de quase tudo

Tenho notado que pessoas têm reclamado cada vez mais dos assuntos do cotidiano. São situações que as incomodam, que não estão em harmonia, em vários campos das motivações pessoais, ou que não atendem às suas necessidades cívicas. Manifestam-se com relativo entusiasmo, ainda que discordando do que possa ser considerado um estado democrático de direito, por oposição, contrariedade, descontentamento, desagrado, insatisfação. Nada mais justo. Mas, sempre observo os dois lados de uma moeda: se há direitos que sejam dados, há deveres a serem cumpridos. O que nem sempre é observado com atenção.

O que realmente importa é que quando se protesta por algum direito, se construa uma queixa com coerência de argumentos, levando consigo uma atitude ponderada, como ao se sair às ruas numa manifestação pacífica. É assim, sem ser imprudente, impertinente, quando se ambiciona algum resultado positivo à sociedade e se quer modificar alguma situação que esteja insuportável.

Senão fica a sensação, a impressão do efeito discursivo de que só se está reclamando por reclamar, mas que não há qualquer interesse de fato numa mudança. Não há empenho, nem acompanhamento para que haja alguma troca de cenários. É preciso ir atrás do que se quer ver modificado, se você tem condições de interferir, influenciar ou intrometer-se para melhorar.

Não significa que as pessoas que estão nas ruas sejam as que melhor protestam, nem aquelas que ficam debatendo entre quatro paredes criando leis. Se soubesse qual a melhor maneira de reclamar e garantir resultados, estaria vendendo essa fórmula de efeito. No estilo de uma solução acumulada: "problema tal, ação bem pensada, e tenha seu resultado alcançado". Não é desse jeito que os fatos se concretizam no campo material. Há, inicialmente, um estado de cansaço social, de desânimo, de inquietação inexplicável que resulta nessa aversão e nesse aborrecimento.

Desse estado de mau humor e de indignação, se caminham para as diversas demandas, onde já se pressupõe que haja algum movimento no campo da vontade, da intenção sincera de dar um alerta a alguma proposta de solução. Mas, não ir além, ainda será inócuo, sem sentido.

É como alguém que grita por socorro e, quando se vai socorrê-lo, descobre-se que era alarme falso. Essa é a repercussão de somente reclamar e deixar tudo do jeito que está.

Cena: Um bar como outros e a conjuntura

Todas as quintas-feiras, religiosamente, um grupo se reúne, são aqueles que se dizem amigos, alguns colegas, outros companheiros de farra e mais as pessoas das empresas próximas ao local. O ambiente é sisudo até certo horário, depois se transforma em uma praça de disputas e debates quase sempre bem acalorados.

Há os que falam com as mãos, próximos uns aos outros. Há os que murmuram como se esperando retorno pelo segredo dividido, outros que gesticulam com determinação, ainda há os mais atentos, e os cheios de tiques nervosos que quebram palitos entre os dedos. Há um cenário de descontração e encenação. Não difere de uma reunião de assembleia, exceto pelos copos e garrafas.

Qualquer um que esteja passando poderá dizer que são membros de uma confraria de renegados em busca de uma solução definitiva para os problemas da região, ou, quem sabe se houver tempo, para o mundo. As forças individuais, intensas, nem sempre claras, demonstram que há sintonia com qualquer oposição. Nada do que se diz poderá sair dali sem que se sinta que o local é o celeiro da mais verdadeira justiça.

Aquelas pessoas estão fervorosamente dispostas a contribuir com a evolução de uma grande parte da sociedade. Nada a fará trocar seus discursos por meros privilégios, pelo menos naquele momento. Sendo o que se pode ouvir, de todas as conversas, dois atentos convivas dialogam:

— Celso, desse jeito que está não dá: inflação alta, salários em baixa, economia não cresce...

— É isso, Luiz, precisamos fazer alguma coisa. Tenho conversado com mais amigos e estamos certos de que o melhor a fazer é ir em frente...

— Concordo, Celso, se há qualquer tipo de governo, devemos declarar que somos contra. Sempre seremos contra qualquer um.

— Luiz! E se quisermos mudar...Vamos mudar. Sim, vamos mudar tudo. E articulando em voz bem alta: — Nós queremos mudar?

Naquele momento, um profundo e misterioso silêncio pairou sob o local. Aquela pergunta de Celso ecoou de maneira contundente. Todos se entreolharam, mediram-se como se estivessem verificando se todos os que ali estavam pertenciam ao mesmo grupo, sorriram e responderam a pergunta em uníssono:

— Simmm....Todos queremos mudar!

E Celso aproveitando-se daquele momento, patriótico, provocou com outra pergunta o que seria uma redenção das gentes, gritando:

— E quando vamos mudar?

Na mesma entoação, sem que se deixassem abrandar, todos responderam:

— Nunnnnca!

E continuaram a reclamar de tudo que era servido sem o devido cuidado frugal.

4
Dos assuntos que lhe passam preocupação

O que o deixa tenso? Muitas situações. Cada um sabe o que mais lhe dá sensação de impotência e lhe tira horas de sono ou lazer. Como por exemplo: saber que haverá um problema legal, jurídico, a ser resolvido na manhã seguinte ou que você não irá receber o seu salário no final do mês ou que suas férias serão de dias nublados e chuva intensa. A cada tipo de problema, uma intensidade de preocupação, conforme cada um consiga lidar com o essa situação.

Em cada caso, dependendo de como cada um reage, isso faz que a sua visão daquele futuro próximo tenha ou produza alguma deturpação nos sentidos. Alguns reagirão com palpitação, excesso de dores pelo corpo e por aí se vão os reflexos que teremos no corpo. Muitos desses irão alterar o nosso comportamento, com certeza.

Interpreto que a preocupação é uma opinião antecipada, que pode gerar um estado de tensão, sobre o que não conseguimos resolver. É a primeira impressão de algum problema na sensação de alguém. É o que se define quando se separa essa palavra preocupação: é se "pré-ocupar" de um problema, se antecipar sem que existam as condições para uma solução. É ocupar-se previamente. Há, senão dezenas, muitos fatores geradores de preocupação: o que mães ou pais sentem pelos filhos, o estado de espírito antes de fazer um determinado exame para um concurso ou para a checagem da saúde. Há sempre certa sensação de drama que se coloca à frente de quem está vivendo esse estado psicológico de tensão. Essa antecipação gera um sofrimento moral, uma dor sem sentido, por vezes.

Indicadores ficam por conta do que se passa em seu corpo, as sensações silenciosas ou as que se manifestam. Até o que nem sempre é um problema, mas que lhe deixa tenso, como a preocupação em se ocupar. A preocupação é tão nociva que nos tira da nossa missão de vida. Ficamos com aquilo na cabeça, que precisa ser resolvido. Só que não tem solução. Bem, penso: se não tem solução, é como diz o ditado: solucionado está!

A preocupação pode ser uma constante, como um comportamento enraizado, com ela pode vir de uma alteração de pressão, que insiste em ficar acima das médias e outros penduricalhos que lhe abalam o estado de saúde. E mais, os humores variam de forma constante e as amizades sinceras podem se tornar uma saída para o consolo e a troca de opiniões. Mas, quando essas amizades são a raiz do problema? Você me dirá: o que me sobra, então, se até os mais próximos me deixam nesse estado?

Quando não é cisma pessoal ou algo sem razão aparente para se estar nesse estado de apreensão, penso que existam boas lições a se apreender. Pode não ser simples essa saída, mas quando enfrentamos nossas incertezas e o medo do desconhecido com determinação, vemos que conseguimos ultrapassar essas situações adversas de ansiedade e previsões negativas.

Quando nos pomos de frente, querendo entender os fatos, jogamos com a luz da meditação e da compreensão.

Cena: Em uma antessala de algum consultório duas senhoras conversam

— Olá, como vai? Sempre que venho a encontro por aqui. Como é seu nome?
— Olá, sou Lina, prazer. E você?
— Sou Arlete...

Lina nem dá tempo de Arlete se apresentar e dispara a falar:

— É mesmo, sempre venho, quase toda semana, eu preciso me sentir bem. Preciso conferir. Preciso sempre verificar como está minha pressão, repito meus exames a cada mês, e não deixo que minha dieta saia das recomendações. Faço ginástica, assisto a todos os programas de saúde e bem-estar na televisão e fico atenta a todos os novos medicamentos que deixam o corpo mais saudável. Quando isso ocorre, venho até aqui e já falo com o doutor para saber se devo ou não tomar mais essa novidade. E não é que ele me diz que poderia esperar um pouco mais? Não sei por que os médicos não confiam no que a publicidade está vendendo. Se não fosse bom não estaria sendo veiculado, não é? Ao mesmo tempo fico preocupada quando tenho algum atraso em minhas regras, a vida anda tão descontrolada que precisamos ficar atentas, não acha?

— Sim, é importante cuidar da saúde, mas sem exageros...

Sem que pudesse completar o raciocínio, Lina continua:

— É assim que penso, com meus filhos e marido faço assim, todos os meses ficamos horas ligados nesses programas de saúde. E não é que sempre tem alguma coisa para ser resolvida? Está vendo, se não olharmos de perto, poderíamos estar mais doentes. Em minha família conseguimos resolver todos os problemas de saúde antes que eles ocorram. Semana passada, por ser atenta, já descobri um nódulo por lá, e já fiz a cauterização. Os gastos que tenho com esses planos são justificáveis, e me dão a tranquilidade de que preciso. Com você é assim? Têm pessoas que dizem que sou muito preocupada com essas coisas de alimentação, ossos, musculação, circulação, natureza, até sou ligada nessa questão do desmatamento, de ter uma boa saúde mental, mas se não fosse assim não seria essa pessoa assim...tão alto-astral...não acha?

A porta se abriu e o médico pediu que Arlete entrasse.

5
De onde vêm as novas ideias

Como admiro uma boa leitura. É uma experiência de identidade, atração ou repulsa, de admiração ou desprezo, de força ou indiferença. Muita emoção se sente quando se pode ler, pausar, pensar e compreender um livro. Em alguns trechos, é um ato de mergulhar nas entrelinhas, nos acessos de outros meios de informação, no processo de criação, como se estivesse sentado à frente do autor, absorvendo as intenções que se escondem em cada conjunto de palavras.

O exercício de ir buscar as ideias que vão se revelando, se compondo em cada parágrafo, como o conhecimento que vai se formando e nos faz pensar em como tudo foi estruturado e como pode se correlacionar com outros saberes. Essa é a intenção que se esconde quando se cria pensando em promover novas ideias.

É deixar, pelo menos, que o conteúdo possa ficar impregnado em quem lê. Penso em mim, quando criança, com a memória vazia, aberta a todas as impressões, só com informações trazidas de outras vidas. O que nem sabia ao certo, nem tinha tanto conhecimento do que isso poderia estar ou viria me influenciar em alguma época. O que sei é que as boas ideias precisam ser divulgadas, e as novas ideias precisam ser desenvolvidas. É um constante aprendizado, disso tenho certeza.

    Um texto pode mexer tanto com nossa imaginação que nos transformará para sempre. Ao longo desses anos me tornei um leitor voraz. Olho para alguns livros e penso que um dia, se ainda der tempo, gostaria de relê-los. Nem sei quanto de tudo que já li tenho absorvido em mim. Se pudesse medir, talvez, seria uma operação mental interessante.

    Penso: como consegui fixar o que sei? Não sei, apenas procuro ser uma pessoa que age pensando no bem a todas as outras pessoas. E, agora, penso no que você poderá aproveitar disso tudo?

    Para mim, muito que li, entendo que esteja incorporado na minha essência, o que ficou é conteúdo. Alguns mestres conseguem citar textos, nomes e datas com precisão, até passagens de cada linha. Não tenho tanto dessa perfeição. Recordo de ter estado com bons professores que tinham essa habilidade, que me marcaram na memória com suas citações e concisas dissertações sobre os temas que se propuseram a lecionar.

    Como é bom aceitar e respeitar os que sabem mais e que se dedicam aos estudos e às constantes pesquisas. A ciência abre todas as portas ao futuro. E abre a mente das pessoas para desmontar, transpor paredes ou "quebrar pedras". Leia-se "crenças cristalinas ou limitadoras". Mas, como me propus, não irei caminhar nesse sentido.

A dedicação ao estudo e o foco faz muitas das mentes desbravadoras parecerem fastidiosas, mas quando se compreende o que está em jogo, nos damos conta de que têm um valor imponderável: como é benéfico à alma, a leitura dos ensinamentos que se preocupam com a tolerância religiosa e o amor ao próximo.

Se não quiser entrar nessa seara acadêmica e ficar só no campo da espiritualidade, do conhecimento e aprendizado constante, ainda assim, o sentido dos valores humanos que iremos compreender melhor será incalculável. Sempre temos condições de ir além do que podemos, com a leitura, ainda mais longe.

Cena: Em uma sala vazia, apenas um professor e um aluno conversam

Essa é uma daquelas ocorrências que poderiam ter acontecido em muitos colégios, universidades pelo mundo afora. Geralmente, bons mestres têm essa sensibilidade, conseguem ser excepcionalmente sintéticos, diretos, simples, quase ingênuos na maneira como passam o saber. Dão um recado com a habilidade e capacidade de não nos fazer esquecer jamais do que acabam de falar. Dada a tamanha singeleza das frases, elas ficam marcadas na alma por tanta beleza na composição.

A construção desse momento único se dá quando um aluno, pouco estudioso, mas muito mais curioso, quis conhecer um grande mestre da espiritualidade. Tinha as dúvidas de qualquer estudante sobre religiões e todas as teorias teológicas. Na sua busca, que não é diferente de outros, queria respostas que nem todos os livros poderiam dar. A questão era mais um emaranhado de interpretações e comentários do que uma pergunta propriamente dita. Mas a reposta do mestre se fixou em dois pontos:

— Entendi seu questionamento. Siga assim, onde quiser e puder. Em tudo que buscar, procure sempre conhecer os fatos e a filosofia que estão por trás do que pesquisa. E, segundo, faça tudo com amor e respeite quem está à sua frente.

E, sem nada que pudesse perturbar, se levantou e se foi.

6
Dos que são impostores

Nota-se que há sempre alguém querendo lesar alguém por pensar que é mais fácil viver dessa maneira. Sabe-se lá as pendências que tem com os que lhe devem ou com os que precisam aprender de fato. Fico observando, com surpresa, essas pessoas que assaltam para desestabilizar o bem comum, que não querem viver em harmonia por não respeitarem as regras da boa coexistência. É sempre um desafio ao bom convívio conseguir separar quem respeita valores e normas de quem os disfarça, despreza e transgride.

Esses elementos desajustados estão por toda parte. Eles são uma afronta ao meio social, pois são contrários à moral e aos bons costumes. Esse desrespeito nos leva a pensar em qualificá-los como grupos de cínicos, caras de pau, petulantes, que não estão nem aí para as convenções sociais. É como se houvesse certa falta de pudor de alguns indivíduos com relação ao conjunto da sociedade. Entendo que são especialistas em subestimar a inteligência de todos outros. E, não é que conseguem?

Essas pessoas têm nas suas ações a preocupação com a vantagem desmedida como sendo a melhor maneira de conseguir se projetar. Por se acharem superiores a todas as crenças, são capazes de promover atos de ridicularização, para que se divulguem pessoalmente. Não deixam de ser desprezíveis e detestáveis.

Contudo, a energia dessas pessoas é ambígua e distorcida. Enquanto não são descobertas se mostram sociáveis, altamente abertas e dispostas a ajudar. Por vezes, se destacam sendo solidárias e quase chegam a confundir seus interlocutores de tão bondosas e altruístas, sendo capazes de promover atos de benemerência, que na verdade só representam a fachada do que realmente são. Quando são descobertas, podem negar com veemência, e mesmo diante de todas as provas são capazes de dizer que nada daquilo tem a ver com elas. É capaz de identificar alguns indivíduos com essas características? Cuide-se para não se deixar envolver.

Outros, de maneira regenerativa, são, entretanto, capazes de se reformarem e aplicarem aquele conhecimento em atividades produtivas para o bem comum.

Cena: Em um escritório com alguns assessores

Lindo edifício em uma avenida de grande circulação, prédio suntuoso, com vários estágios de segurança para se chegar ao escritório decorado com peças finas. Uma linda e exuberante recepcionista, bem maquiada, dirige o interessado em saber como conseguir um empréstimo internacional a uma sala de reuniões, com luzes indiretas, paredes pintadas em diferentes cores, com um jardim de inverno, muito bem cuidado. Ao sair, toca levemente em um interruptor que liga uma cascata artificial que desce suavemente por uma das paredes daquele jardim.

Duas pessoas bem-vestidas com ternos elegantes e sorridentes entram no ambiente. Uma delas faz um cumprimento e tece elogios pela escolha da assessoria. Depois de quase quinze minutos de muita explanação sobre as ligações internacionais do seu grupo, esse que se diz Tomás, acrescenta sem rodeios:

— O que precisamos é que nos deposite esse valor antecipado, e nos pague as despesas de viagem, hospedagem e refeições a esse país, para que possamos lhe trazer as garantias que serão usadas em seu empréstimo.

Não entendendo a proposta, o cliente inseguro e cheio de dúvidas pergunta:

— Mas, vim atrás de um empréstimo. Esse valor poderá ser conseguido, não?

Outro assessor, Paulo, emenda:

— Primeiro precisamos conseguir as garantias internacionais, depois o empréstimo. Com as garantias na mão, o empréstimo poderá ter condições de ser concretizado.

— Mas, qual a chance do empréstimo sair?
— pergunta o cliente.

Tomás, sempre sorridente, responde.

— Tudo depende dessas garantias internacionais que iremos conseguir na viagem. Por isso, são necessários esses gastos iniciais.

Essa conversa é o que se chama de argumento circular, em que os termos usados levam ao próprio conceito e o próprio conceito aos termos. É falacioso, ardiloso. O que for perguntado será respondido com uma composição de palavras parecidas.

Se a pessoa confiar naqueles "especialistas" irá adiantar uma considerável soma de dinheiro e, sabe-se lá. Será que aquelas garantias serão suficientes? E se não forem adequadas, poderão exigir mais recursos? Como isso termina?Ou será que termina?

7
Dos obstáculos que acreditamos existir

Ouço um jovem dizer:
— Não sei se posso me sair bem em uma prova.
O que dizer dessa afirmação? Já penso nos limites que nos impomos com medo ou alguma culpa de que não merecemos ir em frente. Todos nós temos desafios diários. Podemos dar outros nomes: o exame prático para conseguir a carteira de habilitação, buscar filhos na escola, levar alguém da família para fazer algum exame de saúde, assistir a uma palestra motivacional, uma prova de seleção de cargos e tantas outras ações.

O que quero demonstrar é que tudo o que fazemos, desde o ato de acordar ou levantar-se da cama, poderá ser considerado um desafio. Tudo irá depender de como se sentirá antes de cada um desses atos. Se se sentir enfastiado, cansado, triste na hora de despertar, irá querer ficar o dia inteiro na inatividade. Tem um escritor francês, por exemplo, que por conta da saúde frágil e da morte dos pais, passou a viver recluso, e escreveu suas obras sem sair de seu quarto, na sua cama — Marcel Proust

(1871-1922). Cada um pode erguer as justificativas a cada um de seus atos.

Estamos constantemente combinando atividades cotidianas consideradas simples, corriqueiras, comuns, banais, com aquelas outras que consideramos mais importantes, seletivas, decisivas, extraordinárias. Nós é que damos uma nota, um grau de importância, de relevância a um determinado fato ou evento. Sendo assim: se acreditamos que é solene, será.

Diante disso, dando demasiada importância, podemos colocar um obstáculo na mente por medo do desconhecido, por exemplo. É um limite que não deveríamos nos impor. Mas, entre dizer "não faça" e "quem decide sou eu", nós é que nos damos esse comando. Então, como desmontar essa pequena armadilha, essas ciladas que montamos para nós mesmos?

Isso seria como nos escondermos em nós. Descemos a um poço ou nos aquietamos. Pense: quem pode ser o culpado? O outro? O meu medo de errar? Se decidirmos ir em frente, errando ou não, não importando as consequências, não iremos aceitar essas armadilhas mentais. Certo? Então, vamos ao lado prático para desmontar a armadilha e não cairmos em ciladas: transforme os grandes desafios em partes. Em micrometas ou pequenos desafios. O medo e a culpa de não querer ir em frente serão dissolvidos se formos caminhando a passos lentos, mas se formos caminhando um passo de cada vez.

Estabeleça pequenos desafios, crie micrometas: suas prioridades essenciais. Em vez de ler o livro todo, leia um capítulo. Se não quiser almoçar, coma uma fruta. Em vez de subir vinte andares, suba até o terraço no primeiro andar. E assim, aos poucos, consegue-se o que quiser.

Exercemos o direito de escolha. Mesmo ficando parados. Uma coisa é pensar que é um obstáculo, outra é por opção fundamentada.

Cena: Em uma reunião de condomínio

Quando se descrevem essas ocasiões comuns, as lembranças dos que viveram ou vivem em prédios ou casas sob o regime de condomínio são intensamente levadas ao extremo da emoção ou de um profundo sentimento de explosão interior. Não há quem não tenha se estressado com o vizinho de baixo, de cima ou do lado. Quem não tenha se declarado insatisfeito ao acabar uma dessas reuniões.

Entretanto, nosso cenário, é de se buscar o convívio social, com essa maneira moderna em que vivemos em comunidade, e nos permite presenciar um diálogo em que o tema a ser votado é do interesse de um pequeno grupo e não de todos os presentes. O síndico propõe a votação de um assunto da pauta:

— Bem, seguindo nosso roteiro, vamos abrir a votação para o projeto e execução de um telhado de amianto para dar proteção às bicicletas de nossos empregados. E, segundo,...

Nem termina de falar e as opiniões vêm sem qualquer noção, mais discussões começam a esquentar o clima, se acirram como de costume. Um grupo provoca o outro. Dedos em riste apontam o autor da ideia. Um sujeito infeliz. Depois de quase trinta minutos, nada conseguem definir. E, o síndico, com sua paciência no exercício da integração, se dá por satisfeito com o que ouviu. Desiste da votação proposta. Evita mais bate-bocas. Colocará o assunto em outra ocasião. E segue propondo outro tema:

— Voltando à pauta do dia, coloco em votação outro item: a cobertura da piscina dos adultos, com uma lona térmica, para proteger a água tratada. Quem está de acordo, que levante a mão e os que são contra se mantenham como estão...

Em menos de vinte segundos o item é aprovado por maioria.

Como queremos demonstrar: cada qual com prioridades pessoais ou sociais.

8
Da constante preparação

Não penso que seja diferente com outras pessoas: quando estou motivado fico mais produtivo. Sinto que a intenção, a vontade me empurra, e o amor me ajuda a continuar me movendo em direção às minhas realizações pessoais ou sociais. E quando sinto que preciso ir atrás de conhecimento, não deixo de ler e pesquisar sobre o que estou elaborando.

Considere que quando estamos desinformados vivemos à margem dos acontecimentos, quando somos ignorantes em relação a um determinado assunto, quando não temos habilidade para lidar com o tema. No popular: estamos por fora, e não conseguimos entender do que se está falando. Nesse estado há um choque de desinteresse que pode se abater sobre nós. Ficamos com aquela cara de surpresa.

Uma postura pessoal é não estar interessado naquele assunto, naquela matéria, objeto, curso, disciplina, naquela atividade profissional. Outra é querer entender e não conseguir acompanhar. Nesse caso, não estamos preparados para as melhores oportunidades que podem surgir. É como se não conseguíssemos escolher ou dar uma opinião sobre o que está bem à nossa frente. Como se bons caminhos se abrissem e você os ignorasse. Você escuta, mas não ouve, não dá a mínima atenção. Como se um emprego que tanto queria estivesse batendo à sua porta, e você não se sentisse preparado.

O que falta? O despertar ao estado de conhecimento. Entendo que mesmo aprendendo sobre muitos assuntos, poderemos nos encontrar diante de situações em que o silêncio seja a melhor forma de absorver o que estamos presenciando. E, com humildade e paciência, ir atrás do que não compreendemos.

Consigo perceber que, quanto mais estudamos e nos preparamos, nos sentimos desinformados. Há muito que precisa ser aperfeiçoado e modificado. Como se o melhor de nós ficasse ou estivesse sempre em estado de dormência. E a cada desafio que nos deparamos ou desponta, vamos buscar a solução.

Como? Foque na dica da micrometa, se não estiver confiante. Ou em outra série de metas e sinta-se mais confiante. Vá em frente, se informe, se atualize. Faça uma revisão de suas potencialidades. Pense: no que sou preparado e no que preciso me aperfeiçoar? Leia sobre novos temas, pesquise e nunca pare de estudar.

Cena: Você em seu local mais acolhedor e preferido

Em estado sorridente, afável consigo mesmo. Sem preocupação, mas com uma tremenda vontade de ficar em silêncio. Em estado de pura tranquilidade. Algumas vezes, somos convidados a meditar, outras a escrever o que gostaríamos de fazer para dar outro resultado à sua maneira sincera de ser, pensar e agir.

Dessa vez é um exercício mental. Depois de ficar em meditação por alguns minutos, você se coloca em frente a uma questão escrita numa folha de papel. E irá deixar fluir as ideias que irão surgir.

O que gostaria de alterar/modificar/aprender a partir desses dias, meses? Algo que possa parecer fácil ao se afirmar, mas extremamente difícil de superar.

Quando nos colocamos diante desses pequenos desafios é como se estivéssemos testando nossos padrões, às vezes, bem enraizados de comportamento.

Conheço pessoas que dizem: "Hoje deixarei de fazer tal coisa". E, no dia seguinte, ouço: "Lembra que ontem disse que iria deixar de fazer tal coisa. Pois é, não consegui". Quando pensamos em nossas atitudes, antes de colocá-las em ação, podemos ainda ter uma força que nos impeça de ir para frente.

Já, quando estamos no automático, quando não pensamos antes de agir ou fazer, o cérebro funciona repetindo as rotinas. Dica: comece por atitudes mais simples e vá se exigindo cada vez mais. E sentindo-se melhor como pessoa.

Escreva o que pretende, precisa ou gostaria de modificar. Leve o tempo que for necessário.

9
Das perdas ou do que é perdido

É interessante refletir sobre as coisas de que estamos dispostos a nos desfazer, daquelas que simplesmente saem, somem, desistem ou desaparecem de nossa vida. É bem diferente a iniciativa de se desapegar de algo do que perder algo.

A primeira tem um grau de consentimento, de desprendimento programado, a outra tem um grau de surpresa. O inesperado parece sofrido, até faz mal ao coração. O que nos surpreende tem uma carga de energia diferente, é aquilo que veio de repente, sem que tivesse sido negociado com a sua mente. O imprevisto é um sinal de que não conseguimos dominar ou controlar tudo que nos cerca.

Que bom! Seria muito chato querer ter esse controle, apesar de que pessoas acreditam que conseguem. E quando perdem alguma coisa se colocam como vítimas. Para elas, se aceitassem que perder é tão comum quanto ganhar tudo seria mais harmonioso.

Assim, se levarmos em conta que essa vida é como uma conta-corrente, ganhar ou perder nada mais é do que parte do jogo da vida, onde a contabilidade astral se encarrega de dar os créditos ou débitos que cada um merece. Nota-se que o mais importante é não reclamar, mas, sim, considerar que o tombo levado lhe serviu como lição. Sempre, se encararmos como lição, qualquer perda será minimizada. E se atenha para não ter que pagar pelo mesmo débito duas vezes. O essencial e importante é estar vivendo com saúde.

O desapego, como um ato voluntário, é uma prova de amor para com o outro. Como vender algo que ainda possa servir; desfazer-se de algo que ainda tenha serventia. O sentimento de gratidão auxilia, reconforta. Deixe-se levar pela eterna fonte do fluxo das boas energias. O fluxo da abundância existe, apesar de não poder ser visualizado como uma planilha de controle, em que o que damos, acaba retornando de alguma maneira.

Quando deixamos de usar o termo 'perdas' ou 'perdido' para 'está em boas mãos' ou 'em outras mãos', visualizamos que a circulação de energia que está sendo gerada é para o bem comum. Isso trará bons fluídos a todos.

Cena: Um mendigo sentado ao lado
da porta de uma loja desativada

Com seus pertences acumulados em uma pequena sacola ao seu lado. Uma pessoa passa, olha. Coisa rara, pois várias pessoas passam e nem dão atenção. Os que estão ali podem estar naquelas condições por opção ou não. Nessas condições têm a sensação de que a perda é um componente bem resolvido em suas vidas. Se não for algo para ser conversado, não será compreendido.

Uma lanchonete pode ser alcançada com a vista. De lá, sai um homem que vem com um pacote nas mãos. Ele tem um recipiente com um bom lanche. Dirige-se ao mendigo e diz:

— Olá, boa tarde. O senhor aceitaria esse lanche que acabo de comprar?

O mendigo estende a mão e agradece.

— Sim, obrigado!

Com gestos pausados, de quem sabe o valor do que acaba de receber, não tem tanta pressa. O estômago tem a fome compassada entre o que a oportunidade e a sorte lhe oferecem. Com as suas mãos, pega metade do lanche.

Uma pessoa que estava na lanchonete, sai em direção ao homem. Está bem-vestido, tem um olhar fixo, determinado, parece que tem um objetivo. Não tem aparência de quem esteja precisando de apoio, auxílio ou que esteja passando por alguma necessidade. Senta-se no chão, ao lado do mendigo. E fica observando o homem colocar um pedaço do sanduíche na boca.

O mendigo, sem hesitar, como que se soubesse que o olhar de quem pede é o mesmo de quem pode estar observando, lhe oferece o outro pedaço que está no recipiente. O homem agradece e não aceita. E fala lentamente:

— Estava lá naquele bar, sentado, vendo as pessoas comerem. Sentaram-se duas pessoas numa mesa. Pediram três pratos. Comeram e conversaram bastante. Quando pediram a conta, pedi que me dessem o que havia sobrado.

O mendigo sem entender o que estava sendo contado, nem comia, apenas escutava. E o homem continuou:

— Não me deram nada, apenas me mediram com o olhar de cima a baixo, e disseram que não preciso estar pedindo vestido desse jeito...

O mendigo, ainda sem entender, mais uma vez, lhe estendeu à mão com a parte do lanche que estava guardada.

Aparências e roupas não indicam intenções nem o quanto algo nos pertence. Nada nos pertence.

10
Das paradas com ou sem vontade

Gostaria de entender como têm pessoas que pensam que agir com toda determinação, sem parar, de sol a sol, pode resultar em sucesso total. Isso não é uma atitude sensata, até demonstra falta de bom senso. Todos dão uma parada, dão um tempo, recompõem as energias gastas de acordo com a atividade que desempenham. O discurso de que "o que tenho feito, até onde cheguei, foi com esforço e muitas lutas", pode não ser uma afirmação dotada de total sinceridade.

Sucesso é a astúcia de estar sempre alcançando uma meta. É um sucesso alguém atingir o topo de uma escada de cinquenta degraus para quem estava com um problema nas pernas. Sucesso é um termo empregado de maneira equivocada. É usado para todas as finalidades que possam render dividendos financeiros. Na minha interpretação você é uma pessoa de sucesso ao atingir uma micrometa.

Não posso deixar de comentar as palestras a que assisto em várias mídias e até as presenciais.

Os palestrantes invocam todas as energias da Terra para que movam a minha vontade em direção ao sucesso. E recomendam não pare, não pare! Siga em frente, sempre. Só de escrever assim, já fico pensando: não dá para dar uma parada para meditar ou avaliar por onde tenho caminhado, para refletir sobre o que precisa ser modificado?

Nesses auditórios, repleto de pessoas com suas esperanças em estágio de atenção, até aceitam e gostam de uma história que lhes dê potência. Mas, vamos cuidar do que possa ser um autoengano. Quando dizem que estamos diante de aulas de motivação, consideraria melhor que fossem aulas de ponderação. Agir um pouquinho, parar um tantinho. Quando sentimos o nosso corpo feliz, todo o resto fica feliz. E nada é mais desgastante do que viver como um ser autômato. Aquele que age no automático.

Nada como me recordar das competições nas empresas transnacionais em que trabalhei, em que aquele tal do estresse operacional era venerado. Onde a pressão total e o estilo 24 horas estavam sempre empurrando a todos. Não se consegue dar uma resposta àqueles que querem se dar bem em alguma atividade com esse ritmo.

É exatamente dando paradas, sistematicamente, que se conseguirá construir algo duradouro. Há dias em que precisamos sair um pouco de circulação. Isso não significa que iremos ficar mal-humorados por não acompanharmos o grupo. Não sei como são as pessoas que estão lhe dando essa orientação ou se você ao agir dessa maneira será despedido. Essa é a cena que vejo nesse caso.

Que sinais o seu corpo tem dado? A sua mente está bem? Tem controle sobre a sua saúde espiritual? Não está pedindo por um descanso extra? Não estou falando de um fim de semana no ócio, mas de umas horinhas em um dia da semana. Isso tem um sabor dobrado na sua recuperação.

Sei que para quem está em um tipo de emprego com controle rígido de horário isso pode ser difícil. Mas, pode ser a solução para muitos problemas pessoais ou profissionais. Quero dizer que sair um pouquinho de um ambiente estressante, competitivo onde pessoas sugam, chupam, absorvem sua energia. Essa parada pode ser útil.

A fórmula é simples: se esquecer de tudo o que estava fazendo e mudar completamente de ares. Crie ou invente algo que não faça parte de sua rotina. Que tal tentar?

Cena: Você em qualquer lugar

Fazendo nada. Pensando em nada. Não interagindo com qualquer pessoa. Não levando caderno para escrever. Nem ler. Só caminhar ou sentar debaixo de uma árvore. Se não tiver uma, pense que existe uma e respire fundo.

Não faça qualquer movimento por algum tempo. Tente. Não desista, mesmo. E se for acompanhado, mostre esse exercício a outra pessoa para que não perturbe a sua pausa.

11
Dos nossos encontros

Toda vez que encontro alguma pessoa que dá um sentido à minha vida, costumo pensar que esse momento tem uma ligação extraordinária. Essa sensação dura exatamente o tempo que preciso para me situar no cotidiano. Isso é: foco no presente. E, enaltecer que qualquer que tenha sido a ligação, o que farei daqui para frente será continuar a ser a mesma pessoa ética, coerente, honesta, verdadeira. E por aí vão outros valores que me foram ensinados pelos meus pais e que tenho aprendido.

Qualquer reunião de pessoas, em que são feitas essas interações, não me importa o que tenham sido ou vivido, procuro agir com bondade e sinceridade. Com certeza, já fui tachado de 'pessoa excessivamente coração'. Não importa. Minha consciência agradece, sempre. E você? Como são seus encontros? Avalia as características dos encontros que fazem ou fizeram parte de sua vida?

De tempos em tempos, dou uma parada e penso nesses encontros, classificando-os. Penso nas pessoas que ficaram apenas nas fotografias, as que apenas passaram, que não consegui mais contatar, as que apesar de não estarem entre os atuais relacionamentos, tiveram algum valor nessa trajetória. E por aí vai. Sempre reflito sobre isso com carinho e respeito.

Dou atenção, destaque para os encontros-ponte. As pessoas que promoveram as ligações umas entre outras. Busco esses elos. A pessoa tal me foi apresentada por aquela; e vou recuando até a origem de quem me apresentou a quem.

A recordação é como a vibração de um abraço imaginário em alguém que está distante. Sempre será desinteressado, com desprendimento, como um agradecimento por ter vivido naquele momento. Sabendo que não será possível ter esse encontro físico, vale esse esforço da imaginação. Olhar uma foto e sentir-se de volta àquele instante. É meu estilo sutil de reviver essa experiência. Você, talvez, terá o seu.

Cena: Uma senhora em sua sala de visitas

Diante de tanta tecnologia, depois de dois anos, dona Carmem se sente feliz. Sua neta, Mariana, chega para almoçar como em todas as quartas-feiras.

— Olá, vó... Beijão! Trouxe as fotos...
— Que bom, estava tão ansiosa...
— O que tem para almoçar? — pergunta Mariana abrindo a geladeira.
— Fiz frango à milanesa, com aquela massa ao molho branco, que você tanto gosta...
— Humm... Que fome...Olha aqui, vó. Como as fotos ficaram lindas. Digitalizei todas... Agora

estão nesse *pendrive* e vamos colocar nesse porta-retratos eletrônico...

— Que lindo... Mas, como poderei escolher a foto que quero ver?

— Você pode selecionar a pasta — explica insistentemente Mariana.

— Como? Pasta?

— É vó...Você vai nesse arquivo...Vê...Está separado...Por nome...

— Não sei se saberei fazer...

— É fácil... Mas, quando quiser posso lhe ajudar...

— E as fotos? Onde estão? — dona Carmem se mostra preocupada.

— Estão aqui nas caixas que me deu...

— Se não ficar chateada, quando der saudade eu mesma vou olhar nesses álbuns...

— Claro que não... Saudade a gente mata do jeito que quiser...Vamos comer?

Logo após o almoço Mariana seguiu para sua aula de francês e vovó Carmem se divertia vendo as centenas de fotos se alternarem no novo porta-retratos.

12
Do que falamos e comunicamos

Aprecio escutar o modo como as pessoas falam e se comunicam. Aprendo com as expressões. Elas vinculam seus desejos aos sons. E conseguem um resultado de comunicação fantástico com outras pessoas. A linguagem foi capaz de moldar nações, de dar autenticidade cultural na criação de grupos étnicos. A comunicação tem sido minha paixão, foi minha primeira formação.

Hoje temos mais facilidade no estudo de línguas, mas a ciência da linguagem é um estímulo constante para poucos. E o mergulho em suas regras e composições, no encadeamento de ideias e no conjunto de instruções é ainda um grande desafio para um grupo menor de iniciados.

Aprendi que a linguagem é uma forma cultural de expressão que está sempre se alterando, é "qualquer meio sistemático de comunicar ideias ou sentimentos por meio de signos convencionais, sonoros, gráficos, gestuais". Usamos para isso um sistema complexo e dinâmico de símbolos convencionados. É a nossa capacidade para compreender.

A linguagem está sempre mudando. E a língua portuguesa é nosso idioma em movimento.

Vou ficar no campo dessa comunicação falada. Daqueles que atingem milhares de ouvintes. Não quero me ater ao conteúdo. Deixo a cada um a sua escolha. Percebo que uns até que inspiram e conseguem reinar por um tempo. Conseguem ser bons comunicadores. Têm conhecimento dos segredos da audiência, da matéria que abordam, e conseguem estar em destaque. Outro lado é que se existe audiência é porque há quem esteja entendendo o que estão querendo dizer. Têm afinidade, prazer, sentem-se bem. E, se divertem, passam o tempo, riem, brincam e interagem.

Como indivíduos, somos instrumentos de comunicação e estamos sempre tentando passar uma mensagem. Alguns indivíduos têm amigos ou colegas que são do tipo "homem-show", que nos dão aquela experiência, entretenimento quando estamos com eles. Que são umas 'figuras': como se estivessem sempre preparados para uma apresentação em público. O papo deles é agradável, solto, tem conteúdo. Por quê? Porque leem, estão mais preparados e têm uma presença de espírito bem humorada. São as pessoas de altíssimo bom astral.

Qualquer que seja o meio, o segredo da boa comunicação está em nós. Sempre penso na boa maneira de me comunicar e me fazer entender, em que o essencial não é só falar. O seu linguajar é o que pode, deve ou não deve ser dito em determinados momentos, é diferente da mensagem que se quer passar. Como diz o ditado: há que se pensar antes de falar. Ou como deve ter dito Aristóteles: "o sábio nunca diz tudo o que pensa, mas pensa sempre tudo o que diz".

Sendo assim, recomenda-se sensatez e bom senso nas mensagens.

Cena: Um ensaio de uma peça de teatro

Um grupo de quatro atores já consagrados exercita a voz antes da leitura técnica de um clássico da literatura teatral. Essa não é uma prática comum, mas como precisam aquecer as cordas vocais, estão em vários pontos do teatro falando seus textos em voz baixa.

— A verdade é o mais sublime dos valores...
— Não vejo excelência nisso...
— O que estão buscando, o que estão buscando...
— Não vejo excelência nisso...
— A verdade é o mais sublime dos valores...
— Por onde andas? Por onde andas?
— Não vejo excelência nisso...
— O que estão buscando, o que estão buscando...
— Não vejo excelência nisso...
— A verdade é o mais sublime dos valores...
— Por onde andas? Por onde andas?
— Não vejo excelência nisso...
— O que estão buscando, o que estão buscando...
— Não vejo excelência nisso...
— A verdade é o mais sublime dos valores...
— Por onde andas? Por onde andas?

Se dermos vozes a todos, sem nexo não há substância. Não há teor. Sem começo, meio e fim nenhum ensaio se torna peça, nenhuma peça se torna enredo, nem drama. A vida seria apenas uma passagem de sons.

13
Das pendências que aceitamos

Há ocasiões em que sentimos como se estivéssemos no vácuo absoluto. Não há um movimento sequer. Não confunda o vácuo e o nada, que é a ausência de tudo. O vácuo é essencialmente um conceito filosófico, que significa nenhuma substância, como a vontade que falta. A falta dessa força interior.

Entretanto, nesses períodos, como que de repente, tudo na vida de uma pessoa fica emperrado, parado, estancado. Se fizermos um exame das circunstâncias, quem sabe possamos identificar o que está atrapalhando, inibindo ou travando nossas atividades. Como a concretização de alguma meta, a finalização de um trabalho ou serviço, até uma rotina banal.

Em alguns casos temos vontade de solucionar, de resolver, de decidir. Em outros nos sentimos impotentes, ineficazes, e preferimos postergar a solução. Essa condição pessoal é o estado de procrastinação. O que é isso? É adiar, retardar, dilatar um prazo, demorar além da conta, por qualquer motivo, com ou sem uma justificativa razoável.

Penso que quando essas pendências não estão no campo da mágoa ou do ressentimento disponha-se a ir até lá e resolver, se for possível. É uma daquelas atitudes que limpam a sua visão, que nos livram de um fardo, de uma dor interior. Sua mente irá sentir-se mais leve e desobstruída.

Concordo que se tivermos um estímulo extra, será bem-vindo, como a palavra de alguém para reforçar esse comportamento resolutivo. Ou mais: ao presenciar um exemplo de superação, uma leitura apropriada ou uma oração dita com fé. O que puder modificar esse estado será muito bom. Repetir uma lição sempre é positivo. Analise: se não se tem como modificar, nem solucionar um problema, o que não tem solução, como já dissemos, solucionado está.

Se o movimento depender de você, e se não quiser se sentir inutilizado, deteriorado, imprestável, faça algo por você. Mexa-se. Não me agradeça. Agradeça a você que foi lá resolver e não ficou com mais um assunto pendente.

Cena: Numa praça, duas crianças,
Ana e Clara, e suas mães

São amigas há poucos anos, pois além de conviverem como vizinhas, ainda estudam juntas. Esse é o último ano em que estudam no mesmo colégio. No ano seguinte irão para outras cidades.

Ana é expansiva, comunicativa, gosta de se arriscar em todos os brinquedos instalados naquela praça, perto de suas residências. Logo que chega, caminha por todos os brinquedos: do escorregador de ferro, balança, gira-gira, gangorra, arca; vaivém, labirinto, até ficar lá em cima na casinha de madeira. De vez em quando, joga-se lá de cima, arrisca-se sem medo. E, mesmo, quase se machucando, não tem receio de repetir a proeza. Sua mãe observava e nada dizia.

Clara tem um jeito de ser mais quieta, gosta de ficar sentada com suas bonecas. Fica conversando com suas companheiras invisíveis e arruma as panelinhas sobre o fogãozinho com tudo no seu devido lugar.

Ana como está sempre andando pelo parque, recolhe folhas, pedras, gravetos e até fezes dos passarinhos que ficavam debaixo das árvores. Às vezes queria colocar parte do que recolheu no fogão de Clara.

Dia desses em que as mães conversavam sentadas em um dos bancos da praça, as duas amigas, como nem sempre ocorria, estavam brincando juntas. Ana estava fazendo o que Clara gostava de fazer. Brincar com os brinquedinhos delicados e ficar conversando com a boneca Lili. Nome que Ana havia dado, pois para Clara o nome de sua boneca era Kiki.

Temperamentos antagônicos, opostos, não atrapalhavam a convivência. Era saudável e, até, engraçado ver como brincavam sem se agredir ou ofender. Quando conversavam, notava-se a diferença de opinião e personalidade.

Um dia — na vida tudo tem um dia — elas não estavam tão amigáveis. Ana queria fritar o que havia catado pelo chão no fogãozinho de Clara. As crianças de seis anos tiveram uma briga. Ana disparou:

— Sua bruxa! Você nunca foi minha amiga...

— Você só quer quebrar meus brinquedos, vive quebrando tudo...E chama minha boneca de Lili...É Kiki...

— Vou quebrar mesmo... É Kiki mesmo...

E partiu para cima de Clara. Como essa foi mais ágil, tirou o corpo, Ana escorregou, caiu no chão e bateu a cabeça na lateral de concreto de um desses quadrados de areia. Levantou-se, não reparou que sua a testa sangrava acima do supercílio, pegou uma pedra e atirou em Clara. A pedra bateu no rosto, abaixo do olho direito, que também sangrou.

Nesse dia as mães estavam na frente de suas casas. Nada viram. Somente quando as meninas chegaram, já com o sangue estancado, se puseram a limpar os ferimentos físicos e a reprender e arguir os emocionais.

Resultado: testa aberta e rosto machucado. Um assunto que ficou pendente.

14
Dos estilos de cada um

Você se considera uma pessoa metódica ou completamente livre de regras e compromissos? Viver a vida em liberdade é o nosso maior desafio. Para um filósofo: "a liberdade é condição fundamental da ação e o homem está condenado a ser livre". Tanto quanto temos direitos de ir, vir, fazer ou não, temos deveres em assumir a responsabilidade desses atos. O livre decidir, o livre-arbítrio, está aí declarado abertamente para que tentemos ser felizes com nossas competências, habilidades e limitações. Considerando viver sem preconceitos, podemos ser o que quisermos ser. E por esse estilo próprio podemos entender o que seja nosso caráter, nosso jeito de ser, de como tomamos as atitudes ou a maneira como pensamos e agimos.

Em Assagioli[1] (1995), em um interessante trabalho de psicossíntese, ele aborda o ser humano como único e, ao mesmo tempo, parte de um todo — que o transforma e o por quem é transformado. Define

---

1- ASSAGIOLI, R. *Os 7 tipos humanos*. O poder das motivações profundas. São Paulo: Totalidade Editora, 1995.

os chamados sete tipos de personalidade: volitivo; amoroso; ativo-prático; criativo-artístico; científico; devoto-idealista; organizador. Segundo aquele autor, cada um apresenta uma classificação e tipologia que aborda o caminho que os indivíduos têm de interesse em relação à sua filosofia de vida.

Ele leva seus estudos para além das personalidades dominantes e nos mostra a face das potencialidades de cada um de nós. Apresentam-nos esses sete tipos humanos, que têm ligação entre si. Sendo assim, seríamos partes de diversos tipos que se processam e se integram no todo. Não irei descrever ou pormenorizar essas características. O ponto central é fixar a ideia de que apesar de tentarmos ser ou nos mostrar que somos diferentes, temos muitas semelhanças, afinidades, similaridades.

Não vou me aprofundar nas correntes que integram técnicas psicológicas das diferentes linhas que têm o homem como ponto central. Afirmo, entretanto, que em meu trabalho de criação e desenvolvimento literário sigo a síntese cultural — a união entre todos os ensinamentos das tradições culturais — como uma excelente ferramenta de integração da pessoa, na busca de sua harmonia interior e na melhor maneira de se relacionar com outras pessoas.

Quando o texto de Assagioli fala em potencialidades (competências), está dizendo como conseguimos lidar com as nossas facilidades (habilidades) e dificuldades (limitações). E, agindo em direção a essa harmonização de mentes, gosto de provocar quando estou em grupos de trabalho. Há questões que nos fazem trabalhar as facetas do nosso tipo humano predominante e reconhecer as menos evidentes. Sinta-se à vontade para se conhecer. Nada mais gratificante.

Cena: Em uma sala com diversos candidatos a uma única vaga de emprego

Dois instrutores técnicos, Lívia e Celso, da área de recursos humanos de seleção e treinamento de um hospital, estão explicando que a partir dessa sessão, as avaliações seguirão para o último estágio dentro da empresa. Não haverá outra entrevista, portanto, tudo que você escrever será considerado sua apresentação final.

Apesar de seu estilo, sua personalidade, podendo ser diferente daquela que está descrita no início da frase, coloque-se naquela postura, faça de conta que você é essa pessoa e responda as quatro questões. Repostas resumidas em três linhas.

Pessoa 1 — sendo uma pessoa controladora e perfeccionista: se estiver fazendo diferente do que está acostumado a fazer pode considerar que está tudo errado?

Pessoa 2 — sendo uma pessoa distraída e confusa: seu pensamento é focado ou intuitivo quando está diante de uma pessoa atropelada, que necessita de socorro e com fratura exposta?

Pessoa 3 — sendo uma pessoa falante e extrovertida: se tivesse que enfrentar uma discussão acalorada para resolver a mediação de um acidente de trânsito, sua mente atuaria de maneira convergente ou divergente? Haveria outra opção?

Pessoa 4 — sendo uma pessoa nervosa e impaciente: se lhe desse um texto de português para corrigir os erros gramaticais e a ortografia, em cento e dez páginas de texto, como se sentirá ao receber essa tarefa e como executaria esse trabalho?

Se preferir: utilize folha de papel avulsa. Sugestão de resposta no final do livro.

15
Dos sinais que nem sempre enxergamos

Fico curioso por saber e, mais, de conhecer pessoas que conseguem enxergar sinais externos que possibilitam prever alguma ação futura. Têm habilidade em dar um rumo diferente, um encaminhamento diverso daquele que estava sendo dado para se resolver um problema, a partir do que 'sentem' ou 'veem'.

Daí, pergunto: o que me guia? Em que momento 'recebo' uma dica que irá resolver um problema que tenho do cotidiano? A solução vem com o tempo ou com minhas atitudes ditas proativas? A intuição flui na hora de que mais preciso? Consigo separar um pensamento criativo de uma dica inspiradora? Como gostaria que fosse possível apertar um botão e conseguir essas respostas. Só sei que, às vezes, essas respostas vêm.

Ainda, pergunto: o que me guia é a paciência de não querer a solução na hora exigida, mas quando ela tem que vir? Entendo que tenho fé no que peço. Ao mesmo tempo é consolador saber que esse sinal, essa dica, vem, mas que não se sabe quando. Nem se tem conhecimento de como funciona para que se possa acionar quando mais se necessita. Os cientistas ainda irão explicar melhor esse mecanismo da comunicação mente-objeto-mente. Não importa, como esse sinal, essa dica, se manifesta.

Entretanto, percebo que com minha idade tenho me utilizado de minha intuição, o chamado pensamento em bloco, o pensamento direto. Há outras definições para esse termo. O que compreendo é que há pessoas com uma conexão ainda maior com essa energia sutil. Por vezes, até acredito que eu tenha um pouco a mais dessa sintonia, mas meu relativo estilo científico atrapalha-me nessa harmonização.

Preciso me desligar, meditar, ficar em silêncio para que a inspiração dê seus sinais. À noite, sem os ruídos e barulhos da rua, minha concentração e conexão aumentam. Há explicações científicas para essa ampliação da sensibilidade. Não entrarei nesse campo de estudo.

Como ocorre com você? Quer seja por um aceno, um gesto, um símbolo, como uma placa de rua que lhe indica o melhor a ser feito, uma palavra solta no meio de uma conversa: você consegue com algum desses sinais 'receber' a informação de que precisa? Para uns é o que necessita para ir em frente ou estancar uma operação. É a garantia de que estamos agindo com os impulsos: com informações e conhecimento além da lógica. Se essas dicas exteriores estarão corretas ou não, os resultados à frente, serão sentidos.

Entendo que como vivemos em um constante turbilhão de ideias, num emaranhado de informações vindas de vários lados, nem sempre temos esse espírito científico de ficar medindo a qualidade desses sinais que promovem nossa criatividade ou que dão fundamento às nossas decisões.

O que presencio é que algumas vezes, algumas pessoas têm a consciência de que fizeram uma determinada ação a partir de um sinal recebido. Mas nem sempre comentam.

Cena: Uma agência de investimentos dentro de um banco internacional, minutos antes da abertura do mercado.

Três altos executivos, bem competitivos, jovens e impetuosos, tinham nas mãos grandes investimentos; os que conhecem ou trabalham com o campo das ações sabem como é um mercado de muitas oscilações. Esses profissionais lidam com a eventualidade, com as decisões que são tomadas em empresas e que são conhecidas no mercado por relatórios ou pelo que a mídia especializada divulga. O cotidiano é cheio de surpresas.

De uma hora para outra uma empresa que está na Bolsa de Valores pode decidir que boa parte do que está fazendo não é mais para ser feito e que tudo mudará: ela dispensa seus empregados. Ou em uma empresa descobre-se um esquema de corrupção e de pagamento de propinas e outra oscilação. As ações podem sofrer quedas ou subidas. Os valores financeiros mudam de bolso com muita facilidade. É necessário ser muito conectado para se sobreviver nesse mundo de rivais. Todos querem levar alguma vantagem com as informações antecipadas.

Nos aspectos da legislação vigente, o fornecimento dessas informações sobre as atividades das empresas na Bolsa, seus projetos, expansão, retração, fusões ou aquisições, distribuição de dividendos e tudo mais têm rígidos critérios de divulgação. Não podem vazar nem serem manipulados, e têm que ser feitos periodicamente dentro de regras transparentes, são os chamados 'comunicados oficiais'. Se isso não ocorresse estariam privilegiando uns em detrimento de outros. No passado, sem essa legislação, muitas pessoas se beneficiaram de maneira ilícita com essas 'dicas' ilegais.

Mas estamos em outros tempos. O mundo dos capitais vive com as experiências negativas e positivas e se mantém regulado. Dentro desse cenário, nossos três analistas financeiros, Rui, Cássio e Menegal, estavam bem atarefados, com o humor instável do mercado. O mais sensato e quieto, Rui, estava falante nesse dia:

— Já analisou como fazemos coisas acidentais? Daquelas que dependem de um acontecimento incerto. Elas têm na sua concepção a informação e o elemento surpresa.

Cássio não se conteve, e entrou no clima da conversa com uma resposta seca:

— Desde quando você fica pensando nessas coisas? Nosso negócio é agir conforme o que os índices indicam aqui na telinha do computador.

— Mas, vejo que muita gente que não planeja tem obtido resultados satisfatórios por acaso, quando menos esperamos — insiste Rui.

— Com frequência leio ou escuto que foi um lance casual, que foi sorte de principiante — Menegal participa da provocação.

Rui não se conforma com a tese da sorte.

— Creio que haja pessoas mais sensíveis do que outras. Estou comentando sobre dois clientes que me procuram e dizem que estavam vendendo ou comprando naquele momento porque tinham de fazer exatamente aquilo.

— Quantas vezes isso se repetiu? — Cássio continua inconformado.

— São pessoas que têm boas informações, que estão ligadas em tudo que a imprensa publica. Simples assim! — Menegal e sua causa em defesa da eventualidade.

— Já estive com eles — Rui tenta contra-argumentar. — Não são tão ligados assim, têm sucesso porque me parecem que se conectam com as tendências...

— De onde tirou essa tese? — Cássio está quase enfurecido. — Isso é um absurdo!

Rui é uma daquelas pessoas que sabem o que são jogos de probabilidade, o que as eventualidades e as causalidades representam nesse mundo de negócio: não é um caos, exige observação, atenção e foco. E que a intuição pode ajudar se você estiver nessa sintonia fina. Completa:

— Pode ser um absurdo se pensarmos que existe só o que é visível. Mas, que existem atitudes que tomamos sem sabermos o porquê, isso é um fato. Em todos os casos, em quaisquer circunstâncias, vemos que algo acaba dando certo.

Não deu para o papo continuar. O mercado abre pontualmente às dez horas e todos já estavam conectados nos índices de abertura do dia.

16
Das criações, inovações: as ideias

Tenho desenvolvido neste livro que nossas ações, as micrometas, geram resultados. Até fazer nada gera algum resultado. Recordo-me quando estudava Comunicação: li um cartaz que citava as "99 frases que podem matar uma ideia". O cartaz partia de uma afirmação: "se você vier com uma nova ideia, cuidado com o que as pessoas poderão argumentar". Lembro-me de umas frases, que ainda são utilizadas por alguns desses 'matadores' de ideias:

— A ideia é boa, mas...
— Não queremos cometer mais erros!
— Não temos tempo para pensar nisso!
— Isso é parecido com tal coisa...
— As novas gerações não irão usar isso...
— Desde quando você é um especialista nesse assunto?
— Não temos dinheiro para bancar a sua ideia.
— Você precisa pesquisar mais...
— Nossos consumidores não irão gostar disso...

— Caia na real!

Tenho certeza de que determinados produtos ou serviços jamais teriam sido lançados no mercado se os criadores aceitassem esses argumentos, desistindo de lutar ou insistir em suas ideias. Não vou me debruçar a contar algumas histórias que conheço de sucesso e fama. Nem quero me ater aos casos das piores ideias concebidas. As criações que foram lançadas, com grandes investimentos, mas que não vingaram. O que cito na cena abaixo é um clássico caso de sucesso e fama.

Quantas inovações fazem parte de nossa vida que nem temos noção de quem as criou? Quem sabe um dia se tiver tempo de pesquisar, irei lançar algum trabalho nessa linha de inovações e boicotadores.

O que conseguimos enxergar é que esse mundo está cheio de novidades. Se dermos um pulinho para trás, retrocedendo uns vinte, trinta, anos, já veremos diferenças. Se pensarmos no campo das tecnologias, se constatará que as melhorias vêm surgindo em pequenos grandes saltos.

Uma das formas de criar é que alguém parte de uma ideia que deu certo e tenta aperfeiçoá-la. E, quando dá certo, segue procurando melhorá-la. A cada temporada, num desses salões de exposições de produtos, presenciamos sempre alguma novidade. Não é constante que exista uma que seja capaz de causar uma mudança cultural. Como a criação do telefone celular.

Há diferentes conceitos de como inovar, desde uma nova forma de utilizar uma mesma patente até algo de revolucionário que modifique a maneira de usamos um objeto ou mesmo um novo objeto, que possa modificar nossos costumes. Lembrando outros: o ferro, a roda, o aço, a máquina a vapor, a lâmpada incandescente, o carro.

No caso da literatura, as ideias ganham e perdem força com as palavras. Inovar, nesse sentido, é dizer o que sempre se disse com outros termos. Trazer novos conceitos, com outras palavras, ao expressar soluções para um mesmo problema.

E o que nós temos a ver com isso? Você se considera uma pessoa criativa? Entendo que existam os criativos de uma sacada só. Aquele que deu certo em um invento e nunca mais inovou. Faz sucesso, fica famoso e pode cair no esquecimento.

As ideias nos movem em direção aos nossos verdadeiros objetivos. Assim, se temos ideias que entram e saem de nossa mente, nos afastam do que realmente desejamos ou planejamos. O que projetamos irá ficar cada vez mais distante de ser conseguido. Então descobriremos que essas ideias não são essenciais.

Faça revisões diárias em relação ao que está pensando. Como? Meditando e não deixando de perseguir as suas boas ideias. Ponha sua mente a seu serviço. Faça com que seus pensamentos não fiquem mudando de foco. Quer mais um gancho motivador: dê a ela outro nome, chame de sonho.

Qualquer que seja o termo: quer sejam ideias ou sonhos, ponha esse conjunto de pensamentos a seu favor.

Cena: Um inventor, cientista e empresário

Estamos em 1847, nasce na cidade de Milan, no Estado de Ohio – EUA, o mais novo de sete irmãos. Quando entra na escola, tem problemas de aprendizado, por fazer muitas perguntas ao professor. Abandona a escola depois de três meses por se recusar a fazer as lições. A mãe se encarrega da sua educação e ele aprende só o que lhe interessa. Lê muitos livros sobre ciência. Vende jornais, doces, sanduíches e frutas dentro de trens que faziam a ligação entre Port Huron e Detroit.

Em 1868, registrou o seu primeiro invento, tinha 21 anos. Dois anos mais tarde inventou um indicador automático de cotações e vendeu-o por US$ 40.000,00 (quarenta mil dólares). Casa-se pela primeira vez com uma jovem de 16 anos, Mary Stilwell, no natal de 1871. Nem terminou a cerimônia foi-se para sua oficina e só voltou no meio da madrugada. Ela morre doze anos depois. Casa-se novamente, com Mina Miller. De dois casamentos teve seis filhos, três de cada um.

Em 1876, com 29 anos, era um homem de sucesso e famoso. Tinha recursos e suas atividades o motivaram a construir um centro de pesquisas em Menlo Park, no Estado de Nova Jersey. Propôs-se a meta de criar uma nova invenção a cada dez dias. Na verdade, não chegou a tanto. Mas, chegou a patentear 300 novos inventos, num período de quatro anos.

Em 1878, com 31 anos, propôs outro desafio: obter luz a partir da energia elétrica. Outros pesquisadores já haviam tentado, mas os dispositivos criados tinham curta duração. Em 1879 conseguiu construir uma lâmpada que brilhou por 48 horas contínuas, que iluminou a rua pública perto de seu laboratório. Em outubro daquele ano, patenteia a lâmpada incandescente de filamento fino de carvão a alto vácuo. O produto, devido à nova tecnologia, permitiria aumento na vida útil do produto[2].

Thomas Ava Edison morreu em 1931, aos 84 anos de idade. Consta que tenha registrado mais de duas mil e trezenas patentes. É um número contestado, até afirmam que ele teria sido ladrão de ideias. Mas, sua genialidade é superior a essas acusações por ser um dos maiores nomes da ciência até hoje. É atribuída a ele essa frase: «o gênio consiste em um por cento de inspiração e noventa e nove por cento de transpiração».

Conheça outros fatos da história desse inventor que foi um dos precursores da revolução tecnológica que vivemos desde o século XX.

---

2 - Trechos extraídos de sites na internet em dezembro de 2016: American Association of Engineering Societies; Edison National Historic Site; The Life of Thomas A. Edison; 10 Invenções Desconhecidas de Thomas Edison; Thomas Edison — O Gênio da Lâmpada.

17
Das opiniões, da lógica, do pragmatismo: o simples é sempre melhor

É bom ter uma opinião formada sobre determinados temas da atualidade. Penso que seja uma boa ferramenta para uma ação. Não ficar alienado de participar na construção da sociedade. Uma postura para se posicionar ou se colocar num debate, se necessário. Entretanto, há quem não queira. Nem para saber o que se passa, porque tem total desinteresse pelas notícias de uma maneira geral e os acontecimentos de sua região. Sem problemas, sem consequências graves. Porque cada um sabe o quanto quer aprender. É uma reação normal e aceitável.

Entendo que de alguma forma as pessoas estão ligadas ao que ocorre ao seu redor: na sua cidade, estado e país. Umas mais por dentro que outras. Penso que nos comportamos como pequenas esponjas, com relação às informações, aos dados, sons e imagens. Somos atingidos de todos os lados. Absorvemos, assimilamos ou 'compramos' as ideias de outras pessoas. Às vezes, essas opiniões arremessadas confundem mais do que ajudam, nos atingem com vibrações negativas e distorcidas: das obstinadas às teimosas, das insistentes às caprichosas.

Essas manifestações culturais representam uma liberdade de expressão, e nos provocam a pensar: o que pode ser verdade ou não? O que nos faz bem? O importante é saber avaliar o discutível do duvidoso e a fonte daquela opinião. Repare que o ambiente de notícias é rápido, se modifica constantemente, acrescentando novos dados às ideias já existentes. Pode ser confuso, ambíguo e contraditório.

Entretanto, se vamos nos posicionar e opinar, precisamos ter algum certo conhecimento do assunto. Uma recomendação é ter cuidado para não radicalizar. Não se tornar uma pessoa intolerante, em querer assumir posicionamentos definitivos, imutáveis, estanques. Como o do tipo: é minha opinião, não mudo, não arredo o pé!

Como será que conseguimos compreender como uma pessoa pensa e decide sobre um determinado assunto? Sempre se recomenda que busquemos a razão. Utilizando-se da lógica: entender o ponto de vista da pessoa e o que está por trás daqueles fatos. E que sejamos práticos em relação ao que lemos e opinamos.

Como diz James[3] (2006) "as ideias verdadeiras são aquelas que podemos assimilar, validar, confirmar e verificar. As ideias falsas são aquelas com as quais não podemos agir assim".

A validade, portanto, está no processo de verificação. Ou seja, a verdade se diferencia do erro

---

3 - JAMES, W. *Pragmatismo*. São Paulo: Editora Martin Claret, 2006.

quando fazemos perguntas práticas, simples e diretas em relação ao que queremos saber.

Vamos exercitar: saberia opinar sobre assuntos de política econômica? E as últimas privatizações de empresas públicas? Vacinas contra febre aftosa? E, que tal, da qualidade parlamentar e a composição ideológica do Congresso? A proposta de um debate para um novo Código Penal? E comentar sobre as últimas pesquisas na área do câncer de mama ou da prevenção ao câncer de próstata? Há assuntos que estamos por dentro, outros não. Uns temas nos atraem, outros queremos distância.

Deixando de lado essa sensação de cansaço mental que pode nos atacar e afetar com esse volume de dados e informações disponíveis, é bem verdade que a vida tem se tornado relativamente complicada. Se você não souber separar o que tem esses valores, estará se enterrando no prejudicial campo da ansiedade noticiosa.

Um bom antídoto contra esse estado de intranquilidade é nos recolhermos em nós mesmos. Focar no caminho. Meditar no essencial. Com certeza, irá perceber e sentir o que pode ser útil e benéfico ao seu crescimento pessoal.

Não me espanto com o resultado: o trivial me atende, o simples é o mais completo. O simples é sempre melhor. Ligue-se no que lhe interessa. E foque no assunto que você domina para não desperdiçar energia.

Para quem quiser ir treinando esse lado mais interativo e participativo, um bom exercício é conseguir resumir em um parágrafo um assunto que esteja na pauta dos jornais do dia. Um assunto que você tenha afinidade, que lhe desperte entusiasmo. Ou não. Apenas um pequeno parágrafo. Uma opinião simples e direta.

Em algum tempo estará conhecendo quem é quem, e terá mais fundamentos para seus diálogos.

Cena: Perto da praça de alimentação de um *shopping center*, em uma cidade média do interior, duas amigas estão mexendo em seus celulares. Amanda e Inês gostam de estar nas redes sociais.

São adolescentes, têm muitos amigos. Não se deixam enganar pelas mensagens preconceituosas. O que contiver negatividade já apagam ou denunciam. São defensoras das pessoas especiais e não toleram opiniões ofensivas. Inês gosta de comentar enquanto posta:

— Irado! Olha o que escreveram? Não, não, não...Isso é demais. Vou enviar isso ao Paulo.

Amanda só fica olhando o que Inês faz, e continua com suas leituras.

— O Paulo disse que assinou duas revistas e dois jornais por um preço bem baratinho. Ele quer ser jornalista, quer ficar por dentro de tudo que acontece. É mesmo legal, mas é chato... Humm... Olha, esse site — Inês é sempre alegre e fica comentando o que pesquisa.

O local está ficando cada vez mais cheio de pessoas que vêm para almoçar. As duas amigas se olham e mexem a cabeça como se consentindo com o que fazem. Inês aponta para outras colegas que estão no outro corredor, caminhando em direção a uma loja de artigos esportivos. Amanda pisca para Inês. Pode ser um sinal que tenha algum significado entre as duas amigas. Continuam no celular e Inês em seu ritual, completa:

— Preciso fazer um resumo sobre a Guerra do Paraguai... Estive olhando em um livro do meu pai. Mas, encontrei esse texto aqui.

Amanda está desatenta, olha para Inês como um ato mecânico, sem perceber que as outras amigas estão se aproximando. E responde:

— Não faça isso... Depois nunca irá saber desse assunto.

— Não quero saber mesmo... Nem sei se vou usar isso depois.

— Se você se acostuma com uma atitude errada, irá fazer isso outras vezes — Amanda está firme no que diz.

As outras colegas que vinham da loja chegam e já vão se abraçando, brincam e se provocam. O encontro interrompe o papo de como agir com dados e informações.

18
Das leis e dos costumes

Tenho aprendido que, em todos os casos, onde a lei é rígida demais ou onde a liberdade não tem limites, todos nós perdemos. O debate é sobre o esforço que precisamos fazer para continuar a nos manter dentro de padrões considerados como civilizados. Afinal, com o tempo, alguns séculos, deveríamos ter aprendido a conter o próprio desejo: não matar ou punir por qualquer tipo de discórdia, não é?

Considero que ainda temos muito a evoluir. Fazer que as leis sejam aplicadas e cumpridas e os desejos contidos dentro de limites da boa convivência. Seria o educar dentro da cultura de paz restaurando os danos. Essa é a tênue visão ética que temos que enfrentar no campo social. Estamos distantes desse ideal, já que pequenos delitos e deslizes no cotidiano são praticados a todo o momento.

Não restam dúvidas de que temos conseguido compreender os caminhos percorridos dessa evolução civilizatória, pois temos condições de acessar dados da história que nos demonstram como é dificultoso, árduo e constante o ato de construir uma sociedade que viva em estágios mais duradouros de paz e harmonia.

Certamente, esses cenários têm sido alcançados com o Estado de Direito, que é uma conquista dos que utilizam esse mecanismo de equilíbrio na sociedade. Já o debate restrito de que as leis sejam ou não perfeitas, é outro tema. E se os regimes econômicos ou políticos são ideais ou não é ainda outro estudo mais acirrado e carregado por paixões difusas. Mas, o destaque que dou é para que as leis existentes sejam conhecidas. Que sejamos instruídos em algumas áreas do Direito, tenhamos algum conhecimento básico de alguns institutos legais. É de grande utilidade.

Por quê? Para quê? Para que saibamos como as coisas funcionam e se regulam em sociedade e para criticar melhor. Ou não. Por exemplo: saberemos emitir algum juízo de valor se formos provocados? Entender que um ponto é ter uma opinião sobre um assunto, isso é, emitir um pensamento crítico sobre alguém, alguma atitude, coisa ou objeto. Outra é julgar de acordo a prova dos autos e dizer o que está na Lei.

Já deixamos destacado que há pessoas que criticam sem saber do que se trata um assunto. Outras que têm um estilo de ser bem explosivo, em que se recomendaria buscar mais informação e conhecimento antes de falar. Vale saber que emitir um juízo é um jeito equilibrado de pensar e agir, com ponderação e bom senso. É ter critérios ao elaborar seus argumentos, que são passos para analisar os fatos.

Ao analisarmos qualquer assunto é como buscar os pontos racionais de uma escolha. Exemplo: o que fez que aquela pessoa dissesse o que disse? Ou fizesse o que fez? Se agirmos de maneira precipitada poderemos não conseguir distinguir o verdadeiro do falso, ou o bom do que é ruim. Por isso, digo a mim mesmo: cuidado com as explosões de ânimos. Elas podem ser irracionais, e demasiadamente fora do contexto. Elas podem levar a discrepâncias, ilusões, ódios descabidos, aversões, erros ou enganos.

Daí o bom senso recomenda: saber um pouco das leis e se espelhar em usos e costumes. Com fraternidade e generosidade poderemos minimizar as raivas, as invejas e as emoções distorcidas.

Esse conjunto — leis — fraternidade — generosidade — compõe os alicerces para melhorar a maneira de nos manifestarmos, nos relacionarmos e de agirmos moderadamente dentro dos preceitos legais.

Cena: Numa loja de importados, em uma rua de comércio popular. É um sábado de muita expectativa. Muitas pessoas preferem esse dia para fazer compras. O dono e seus dois empregados cuidam atentamente da agitação no local e dos clientes que querem saber o preço de alguns produtos.

Nelson é dono dessa loja há menos de um ano. É bem pequena, mas igual a outras na região, tem pouco mais de quarenta metros quadrados, vinte na parte de baixo e a parte de cima, um mezanino onde fica o estoque. Ele era executivo de uma grande empresa que fechou suas operações no país. Sua experiência com o atendimento direto com o consumidor é, portanto, recente. Seus dois auxiliares, Tânia e Maurício, são dessa área.

O dia promete ser produtivo. A loja abriu há menos de trinta minutos e sete clientes já solicitaram alguma informação. Quando o dia começa nesse ritmo, significa que será de boas vendas. É o que se espera. Nelson é ligadíssimo em marketing e na apresentação dos produtos.

— Tânia, por favor, dê uma limpada naquelas máquinas que estão no mostruário. O vidro está com pó dessa poluição que vem da rua.

— Já vou, estou terminando de contar essas peças que chegaram.

— Por favor, Maurício, traga-me o bloco de anotações que deixei no balcão — pede Nelson que está subindo por uma estreita escada em formato helicoidal indo à parte de cima da loja, onde fica o estoque.

— Senhor Nelson, está aqui! — grita Maurício lá de baixo.

— Já pego.

Nelson está conferindo mercadorias, para colocá-las em exposição. Maurício está do lado da escada, quando uma pessoa bem-vestida, parecendo-se com um cliente, pergunta por determinado produto. Tânia que estava do lado de fora, limpando a vitrine, pega o produto na mão e mostra àquele cliente.

— Essa é a máquina que procura? — mostra-a ao cliente.

Nesse momento, o cliente se identifica como sendo fiscal da Receita Federal. Mostra uma identificação funcional e pede a nota fiscal de entrada daquele produto.

Tânia repete o que sabe:

— Nossos produtos são todos nacionais.

— Entendi, mas quero ver a nota fiscal de entrada, pode ser?

Tânia parece estar agitada.

— Vou ver onde está.

Maurício pede para que Nelson desça. Informa que está ocorrendo uma fiscalização.

— O patrão já está descendo para conversar — Maurício aponta para a escada.

— Certo! — diz o fiscal, com o produto que quer a nota, em suas mãos.

— Olá, bom dia! — Nelson o cumprimenta e explica que as notas estão no escritório de contabilidade, que não poderia apresentá-las naquele momento.

— O senhor deveria manter uma cópia para essas ocasiões. A sua empresa é a importadora?

— Não, nós compramos no mercado interno. As notas estão com o contador.

Nelson se vê em dificuldades para explicar detalhes e características de onde foram compradas aquelas mercadorias. Na verdade, a sua empresa tem produtos com preços bem abaixo das lojas concorrentes, pois ele as recebe de uma origem duvidosa, o que provocou aquela fiscalização, pelas condições de venda.

— Não tenho opção a não ser apreender esse item e lhe aplicar uma multa — o fiscal explica os procedimentos administrativos que Nelson deverá seguir se quiser se defender nas esferas legais. Não sai sem ainda levar certa quantidade de produtos cuja importação pode não ter cumprido os trâmites que as leis exigem.

Nelson tem uma péssima manhã. E os seus colaboradores se conformam.

19
Das referências: os mestres visíveis e invisíveis

Se eu lhe perguntar: você se lembra de algum de seus professores, quem lhe virá à mente? Alguns, talvez. Quando recordamos, podem ser os malvados que logo se apresentem. Ou os que foram mais doces, sinceros, verdadeiros, que deram as melhores dicas e pistas para que encontrássemos os caminhos que tanto buscávamos. Hoje podemos recordar de alguns, em outro dia de outros. Os nossos exemplos de bons mestres estão sempre presentes. Alguns já estão incorporados em nossas atitudes.

Nessa linha de pensamentos e ações, descrevo como somos influenciados por outros pensadores que acabamos nem sempre citando. Tomamos seus ensinamentos e passamos como sendo parte do que fazemos. Vou jogar aqui na nossa dissertação, do que podemos fazer durante um dia: de pensar e agir como Platão, Aristóteles, Sócrates, Spinoza, Kant ou Freud, que conseguiram modificar a maneira de entender as coisas ou de como estão relacionadas no mundo.

Alguns dirão que isso é uma heresia, estar se aproximando desses expoentes de suas épocas. Penso — como sempre deve ser — que não preciso ir tão longe para ser uma pessoa do bem. Não preciso citar esses e outros filósofos para agir com ética, vigilância e prudência.

Esses mestres foram pensadores que deram as bases para que eu entendesse o que tudo isso significa. Compreendo essa participação na educação e na vida social e política. Mas, minha referência é que, assim como aprendi com meus professores e familiares que estão mais perto de mim, aprendi com o que li desses e de muitos outros grandes mestres. Seriam esses os meus mestres invisíveis?

A boa e constante educação, mesmo com os altos e baixos, nos enriquece ao longo da trajetória de vida. Na base do escutar ou ler todos os mestres, deixar assentar a poeira levantada pelas dúvidas e incertezas, pensar com a mente, meditar, deixar fluir a intuição e agir com o coração, o aprender tem outro sabor.

É mais gratificante.

Entendo que aprendemos de todas as maneiras, a toda hora e a todo instante. E chega uma idade em que ensinamos mais a nós mesmos observando o que está acumulado em nossa mente. É o tempo de passar o que aprendemos.

Por conta disso, aceite o meu desafio de estar sempre criando algo de novo, por mais simples que seja, tendo como segurança que tem por trás de si, todos os mestres que lhe acompanham.

Cena: Em uma sala de aulas com quase quatro dezenas de alunos.

Um professor, diante do quadro negro, escreve um resumo do que irá lecionar. É claro nas suas palavras, coloca todos os dados em quadradinhos e os indica com setas. Pede que um aluno busque marcadores de outras cores, quer destacar o que merece mais estudo e atenção. Gosta de ser esclarecedor em suas aulas, cita cada definição teórica e que irá explicar como aquele fundamento se concretiza na prática. Perde alguns minutos fazendo esses esquemas de raciocínio.

Dois alunos comentam que o professor poderia trazer esses planos em imagens prontas ou em cópias para serem distribuídas. Falam alto, o professor escuta, faz que vai virar, mas continua escrevendo. Está bem concentrado. Outros alunos aproveitam e conversam sobre o que estavam debatendo no intervalo.

A sala de aula se toma por um pequeno tumulto, o professor escrevendo e os alunos nem tanto interessados em copiar, apenas uns poucos se dedicam a fazer aquelas anotações. Alguém bate na porta, um dos veteranos, acompanhado por duas moças, entra na sala e pede ao professor que lhe dê um minuto para dar um recado à turma. O professor acena com a cabeça consentindo.

— E, aí turma, como parte da galera já sabe, nós colocamos os cartazes que dão as boas-vindas a todos os calouros. Nos cartazes estão indicados os locais onde podem ser comprados os ingressos para o baile de confraternização. O nome de cada veterano que está vendendo os ingressos está lá. Quero avisar que quem não for, será penalizado com o trote. É isso aí: se não for, tem que pagar com trote.

O professor sorri, como que aprovando ou não aquela brincadeira.

— Alguma dúvida? — O veterano dá o seu recado, enquanto as duas veteranas, representantes do grêmio estudantil, que seguram os cartazes na frente do professor, provocam fazendo gestos com as mãos no formato de uma tesoura.

A turma começa a disparar perguntas repetitivas, quase sem noção, boa parte dos alunos falando ao mesmo tempo, cada vez mais alto, riem e debocham uns dos outros, brincam com as veteranas e com as colegas de turma, quase chegam a trocar ofensas e agressões. O clima esquenta. Uns que dizem que não irão e que preferem ficar com as caras e roupas pintadas do que terem cabelos cortados.

Não percebem os novatos que tudo não passa de um trote. Mas, dão a sensação de que o que iremos ter que aprender será respeito, tolerância e convivência social e nem tanto as matérias curriculares propostas por aquele curso.

20
Das pequenas mudanças e do por pouco

Há situações em que o que precisamos fazer é apenas um pequeno ajuste. É apenas refinar o que já foi mudado. Já falamos o quanto é importante e essencial ter coragem para fazer mudanças profundas. Mas, é preciso ter sensibilidade para continuar olhando o que precisa melhorar para garantir a continuidade do que está se equilibrando. Do que está dando certo com as mudanças que foram tomadas.

Não é aquela chamada virada radical, mas aquela atitude que depois de um tempo, você começa a olhar para os detalhes. Você nota que se der um pequeno ajuste poderá fica melhor. Os detalhes são ou têm superlativos de força. Quando alguém comenta: "Não consegui por pouco!". Ainda: "Não passei por um detalhe que me esqueci na hora". Ou comenta lamentando: "O acidente foi evitado porque olhei naquele exato instante". Noto nessas frases esse poder do detalhe.

Seria o detalhe um primo do acaso? Acaso é imprevisto, um acidente ou incidente. Acaso é algo que acaba determinando um acontecimento qualquer. Na busca de uma explicação para acontecimentos desse tipo, seguimos inertes sem respostas, mesmo tentando justificar e encontrar uma razão. O acaso, de modo casual tem a mesma energia do ato que se regula como sendo um 'por pouco', de um 'sem intenção', ou 'que foi independente de minha vontade'.

Não quero ficar me prendendo nesses detalhes, pois posso confundi-lo. Assim, deixando de lado o acaso, dos atos sem reflexão ou não deliberados, vamos para o detalhe que precisa ainda ser modificado.

Nesse assunto, faça as perguntas certas a você: no que venho me dedicando há anos? Preciso fazer mais mudanças — profundas ou não — ou somente pequenos ajustes? Essa é a abordagem quando se quer essa (re)avaliação.

Entretanto, não seja severo consigo se a análise dos acontecimentos indicar que o resultado não está sendo tão eficaz quanto desejava. Se as mudanças e as escolhas não foram tão acertadas, avalie que poderá ter tempo de rever suas metas.

Ainda considere que o nosso tempo pode ser equacionado em oito expressivos pilares: tempo de aprender, tempo de ensinar, tempo de aplicar, tempo de mudar, tempo de ajustar, tempo de cuidar, tempo de lazer e tempo de ser cuidado. De alguma forma, nem sempre direta, tenho explanado sobre esses tempos nessa dissertação. Se usarmos essa metáfora, poderemos ser mais compreensivos com nossas ações em qualquer idade.

Iremos nos posicionar com entusiasmo em cada um desses tempos.

Cena: Uma casa de campo, estilo colonial, muito bem mobiliada, com vários objetos, vasos, plantas, prataria, louças compondo a decoração dos vários ambientes.

    A casa pertenceu ao bisavô de dona Marta que ainda guarda outros objetos de seus antepassados em cômodos abaixo da casa principal. O local é uma raridade da arquitetura no século XIX. Preserva o que se pode destacar do que havia de mais sofisticado e relevante na sociedade daquela época. O casarão, cercado de palmeiras, e de um jardim bem tratado, fica a menos de duzentos metros de uma conhecida estrada imperial.
    Dona Marta e seu marido, senhor Aurélio, que faleceu há um ano, tinham nessa propriedade o que se pode dizer de maior cuidado a se preservar e defender. Nessa fazenda, com uma vasta área, tiveram algumas culturas cultivadas e mantidas por meeiros ou por empregados da família. Só que tudo muda. O tempo modificou as formas de contratação e os contratos de arrendamento.
    O casal, Marta e Aurélio, conseguiu construir um bom patrimônio, tem outros cinco imóveis que durante uma fase da vida estavam à disposição da família para locação. E cada um dos quatro filhos já havia sido beneficiado em vida com uma casa ou um apartamento, em cada uma das cidades onde viviam. Note-se que cada imóvel foi comprado por valores correlatos ou correspondentes.

O que ocorre é que depois da morte do patriarca, que tinha tudo sobre rígido controle, esses quatro filhos, dois casais, queriam se desfazer das propriedades e dividir os recursos obtidos. Para tanto, tentavam convencer a mãe, dona Marta, que essa era a melhor alternativa para todos.

As duas filhas eram da opinião de que a mãe ficasse em um dos imóveis e vendessem os outros quatro mais a fazenda. Os dois filhos eram da opinião de que a mãe ficasse na fazenda e que vendesse os cinco imóveis.

A vida nem sempre foi fácil para dona Marta. Sempre cuidou da família enquanto o senhor Aurélio se dedicava a tocar a indústria de peças para o mercado naval no Rio de Janeiro. Conversar com ela é aprender sobre as dificuldades da indústria de base. Uma mulher instruída e bem informada.

Os filhos também se saíram bem instruídos, mas nada de ser o exemplo de perseverança e trabalho do pai ou da dedicada mãe. Sempre foram o que se pode definir por quase totalmente dependentes. Viram na passagem do pai uma maneira de terem suas vidas resolvidas. Segundo dona Marta, isso seria uma maneira temporária de resolver o problema, pois do jeito que se comportavam prodigiosamente, logo estariam na lona financeira.

Os filhos estavam tão decididos, enlouquecidos, perturbados com a decisão de mudar drasticamente aquele cenário que resolveram contratar um advogado para interditar a mãe. O argumento era o conhecido ato de interdição de pessoa com doença mental. Tentaram juntar depoimentos, provas fraudadas, de que ela estava se alienando, se comportando na defensiva, quase uma esquizofrênica, e, com essa postura, poderia dilapidar o patrimônio da família. A briga estava lançada. Não falavam mais com a mãe.

Isolada, dona Marta, procurou ajuda espiritual para tentar resolver seu problema. Como seria possível o senhor Aurélio dar uma acalmada na cabeça dura daquelas crianças crescidas? Não era uma tarefa possível conseguir essa indicação por algum desses meios. O canal de comunicação com o astral não se mantém aberto quando queremos, mas quando há alguma coisa de que precisamos adicionar à nossa vida. Em não tendo qualquer sinal ou comunicado, o melhor que temos a fazer é trabalhar com os elementos disponíveis por aqui. E foi o que dona Marta fez.

Contratou outro advogado para mostrar sua capacidade e determinação, e que seus tempos eram mais consistentes. Sua visão do que era preciso mudar ou ajustar era mais coerente. E partiu para o ataque se defendendo.

Em oito meses, transformou sua fazenda em uma pousada, nas baias dos cavalos construiu suítes. Fez de parte da casa um restaurante e, inicialmente, um museu que expunha as peças e beleza de um período da História. Os turistas passaram a visitar e a ter mais interesse em estar no local. Em mais um ano, criou uma organização social, sem fins lucrativos, para ensinar técnicas agrícolas e a produção artesanal de doces e biscoitos caseiros. Coisa típica da região. E, além de dar educação e emprego às pessoas da cidade, os vendia numa graciosa loja que foi formando bom estoque e tendo giro de vendas.

Com o tempo, dona Marta passou a classificar e documentar os objetos que tinha em sua casa. Alguns eram antiguidades raras. Em dois anos, além da pousada, com quarenta quartos espalhados nas duas construções onde ficavam os animais, do restaurante de comidas feitas em fogão à lenha, da loja de doces e biscoitos caseiros, abriu um novo espaço, com destaque para os preciosos objetos à venda: uma singela loja de antiguidades. Aperfeiçoando os detalhes e sabendo o que fazer.

O espólio deu como certo, justo e decidido que cada um dos filhos ficaria com o que havia sido dado em vida. Nada mais.

21
Das coisas em que depositamos esperança

Com a negação: Não posso deixar de acreditar! — invoco os que ficam em dúvida de vez em quando. Os esperançosos são pessoas que vivem bem melhor, são ligados às oportunidades e se sentem privilegiados. Por isso, a esperança é uma virtude que é mais observada nos otimistas.

Em um pessimista, não consigo olhar nos olhos e perceber essa sensação. Nestes — nos pessimistas — entendo que acaba faltando uma faísca de intenção para que seus desejos possam ser alcançados. Como se houvesse um sintoma de expectativa pendente ou ausente. Ou há um tique de lamento: ‹está faltando alguma coisa para que isso se concretize›.

Já com os otimistas, que pedem e confiam de maneira quase teológica, não se arrependem em ter que esperar. Animam-se com os resultados que vão sendo colhidos no caminho. Elaboram e meditam como um ato cheio de ânimo, fé e repetem a oração com fervor: "— Eu irei conseguir o que desejo".

Esperar é sempre um grande desafio aos ansiosos e precipitados, que esperam com toda velocidade com que as informações e as concretizações não chegam na hora que querem. Aí é que mora o perigo dos apressadinhos. Nem sempre é quando a gente quer, mas "quando as situações tendem para que tudo aconteça".

Nem lhe conto quantas vezes quis que tantos eventos ocorressem e não deram certo. Nem o mínimo sinal de que iam se resolver. Quando passei a fazer o meu trabalho, claro que contando com resultados, mas quando deixei de cobrar que o resultado viesse exatamente naquele dia, os eventos começaram a acontecer. É evidente afirmar que nem sempre como eu queria, mas que iam se concretizando.

A esperança é uma mola que impulsiona o espírito em alguma direção. É como nos indicasse que devemos ter paciência para esperar: quer seja a hora em que sai o gabarito da prova, se foi admitido no emprego, se o exame deu negativo ou positivo dependendo do que se está esperando.

Esperar é sinônimo de aprender a tolerar suas próprias angústias. É uma lição de complemento à modéstia, à humildade e à resignação. Mostra que as respostas vêm para redesenhar seus desejos, que nem sempre são perfeitos, ou para modelar seu futuro que lhe parecia cheio de exageros. Nada supera a ansiedade de esperar para saber se sua vida terá mais um dia, um mês, um ano ou algum tempo sequer. Até que se tenha a resposta de que a morte ainda terá que esperar a sua vez.

Quando alguém diz que ainda tenho esperança em conseguir algo, fico pensando no que ainda tenho que fazer para alcançar aquele objetivo. Só esperar pode não ser a solução. Talvez precise me empenhar mais, ajeitar alguns passos, dar mais atenção a algum ponto que ficou obscuro, imperfeito ou desorganizado. Dessa forma, a esperança seria a matriz da iniciativa e, também, da paciência.

O que posso ou devo fazer em relação a um assunto? E, quando não há mais nada a fazer, preciso calmamente aguardar? Seria aceitar as consequências do que plantei? Não há melhor exercício dinâmico de resultados nessa vida do que aceitar a força da esperança.

Cena: Em um velório numa cidade grande.

Em centros urbanos há uma estatística que não desmente o tamanho da cidade: morrem e nascem muitas pessoas. Por conta disso, cemitérios localizados nesses locais têm muito movimento. Há vários ambientes que propiciam se despedir de seu ente querido durante umas horas. Em geral, os cemitérios têm horários a cumprir: abrir e fechar, limpeza nas alamedas, conservação das partes sociais, jardins e pintura, enterrar e desenterrar ossos, conservação de túmulos e guarda de ossos. É uma empresa pública, em alguns casos, que trata dessas atividades e com seus empregados delega atribuições.

O local em que se passa esse acontecimento é perto de uma avenida de trânsito intenso, que apesar das placas de sinalização, os motoristas com todo desrespeito buzinam como se fossem resolver seus problemas de ansiedade.

Várias famílias estavam velando seus mortos. Eram vinte corpos que estavam entre os que seriam enterrados naquela manhã. Uma família, que esteve toda noite se preparando para o enterro, tinha os documentos legais às mãos e aguardava para que o serviço da funerária prosseguisse como havia sido comunicado e combinado anteriormente. Um dos filhos da família, Jaime, foi até o escritório do cemitério:

— Por favor, com quem devo falar para que o enterro prossiga?

Uma senhora, com aparência de que esteve acordada a noite inteira, também, o olha por sobre os óculos e responde com cordialidade:

— É aqui mesmo, senhor... Dependendo do assunto...

— Ah! Sim, como a senhora se chama?

— Meu nome é Matilde, estou quase de saída, quem virá me substituir é a Gilda, que deve ter se atrasado com o trânsito.

— Pois é, dona Matilde, meu pai, digo, estou aqui para enterrar meu pai.

— Nesse caso, o senhor tem que ir antes ao cartório.

— Não, dona Matilde, isso tudo já foi feito, o que quero saber é quando vão levar o corpo de meu pai para que possamos enterrá-lo? Estava marcado para as oito e meia e são nove horas.

— O senhor tem que falar com o pessoal do carrinho, é o senhor André quem cuida dessa parte.

— Já falei com ele e ele me disse que seria aqui na administração.

— Sim, é aqui, só que eu sou a plantonista da noite, quem cuida disso é a Gilda que ainda não chegou. Nesse caso é o André quem deve dar andamento e depois entregar os documentos a ela.

— Mas, a senhora não pode dar andamento?

— Poder eu posso, mas depende da assinatura do senhor André...

Jaime queria resolver aquela situação que angustiava toda família. E não queria reclamar do que poderia ser considerado um excesso de burocracia, até porque não conhecia os procedimentos. Era o seu primeiro enterro de um familiar. Foi atrás do senhor André que estava em uma das áreas externas do cemitério com dois coveiros ou pedreiros, como estava escrito em seus crachás de identificação.

— Senhor André? — perguntou como quem sabe que é a pessoa, pois tinha estado com ele minutos antes.

— Sim, sou eu mesmo.

— Estive falando com a dona Matilde, que pediu que o senhor assinasse os papéis que poderia dar sequência ao enterro.

— Bem, se ela disse isso, eu assino. Porque depois a Gilda pega no meu pé... E sabe como é em cemitério, a gente fica com medo disso — dando um sorriso sem graça e os dois pedreiros nem se manifestaram.

Jaime nem quis acreditar no que acabara de ouvir. Estendeu-lhe a mão com os papéis, em cima de uma prancheta com um bloco de outras autorizações, ele assinou e lhe devolveu. Enquanto Jaime estava andando em direção ao escritório, o senhor André ainda comentou:

— Senhor, senhor... — Jaime olha, e André aponta para a prancheta e completa — temos todos esses para enterrar antes do seu...

Jaime escuta, se volta uns passos e indignado, pergunta com firmeza:

— Mas, estava marcado para as oito e meia, já são nove e meia... Que horas irão enterrar? É um desrespeito!

— Senhor, senhor, o problema é que temos pouca gente trabalhando hoje. Uma equipe está em greve, e outra está atrasada. Iremos fazer o possível para logo no meio da tarde...

— Mas, que absurdo! Que desorganização!

— O senhor tem toda razão, está sofrendo, mas com alguma probabilidade conseguimos resolver isso o quanto antes.

Jaime se rendeu ao tráfego de corpos que congestionava o cemitério. O negócio era esperar.

22
Da capacidade de nossa mente

O nosso cérebro é um órgão prodigioso. Consegue estar dentro de uma estrutura óssea, conectado em trilhões de sinapses — as pontes entre os neurônios — sem que seja molestado, sabendo tudo que ocorre à sua volta. Parece que não se manifesta, mas fica em estado de observação e sincronização. Esses neurônios conversam entre si, agem contra ou a nosso favor. Por exemplo, quando estão cuidando de nossos principais sinais de preservação.

Se há um sentimento primário de medo, raiva ou desejo ele dá sinais de que está ali para proteger seu todo, a sua estrutura. Como se estivesse ligado em modo *stand-by* — o modo que fica aguardando o apertar de um botão. A diferença é que não tem uma luzinha vermelha acessa. Mas, ele está ligado. Acredite.

Uma ação que o coloque em perigo e já exite uma reação nem sempre igual e contrária. Tem um estilo que só iremos entender depois de alguma análise.

Quando, por exemplo, o silêncio faz com que se agite ou a agitação pode fazer com que se aquiete. Hoje se consegue saber com que idade podemos perder parte de seu peso. Penso: em algum ponto emagreço!

Os estudos sobre os neurônios vêm avançando e, em algum momento, permitirão saber o que se passa dentro do cérebro em relação a quase todos os sentimentos, as pulsões e propensões psicológicas. Esse avanço será uma revolução no entendimento do seu funcionamento. Será na forma de como nos relacionamos?

Nessas pesquisas localizaram onde pode estar deficiências da fala, da escuta, dos movimentos, da memória entre outras. É um maravilhoso trabalho de investigação científica. Mas, vamos ao que se atua do lado de fora. As chamadas representações, aquilo que fazemos a partir do que pensamos. As reações do que sentimos.

Percebemos que somos capazes de eleger o que nos faz bem. Temos a capacidade de selecionar o que nos convém. Temos uma mente seletiva. Recordo-me do que foi bom, do que passou e só deixou boas lembranças. Se algo me machucou profundamente na alma, sou capaz de colocar em um lugar que não tenho mais acesso na mente.

Essa é nossa capacidade intelectual e social de viver o presente, de poder estar bem no presente. Viver o aqui e o agora — tão conhecido nas teorias de autoajuda e autoconhecimento. A lição parece simples: não devemos guardar ressentimentos, nem rancores, nem culpar o nosso passado. Aceitar e caminhar. Uma atitude mental positiva.

O resultado será uma boa saúde mental quanto mais conseguirmos nos manter com essa faculdade de limpar o passado que foi opressor ou negativo. Como poucos conseguem se distanciar das amarras do passado, outro exercício é estar sempre aberto às novas ideias e a palavra chave 'disponível' para restaurar na memória, na mente, as boas perspectivas que ainda estão por ocorrer. E compartilhar com um caloroso sinal de esperança ao coração.

Esse é um bom estímulo.

Se você é daqueles que mesmo depois de todas essas explanações está indeciso, não desanime. Pois, nem sempre somos impelidos para qualquer ação a partir de motivações que se originem nas forças mentais. Veja se enquadra essa cena.

Cena: Certa manhã de folga uma pessoa está na sua cama

Não importa como foi o dia de ontem, nem a noite. Agitada? Sem emoções? Apenas essa pessoa prefere ficar deitada nas horas seguintes. Não quer determinar quanto tempo. Pensa que não quer ligar a televisão. Ela quer ficar em silêncio.

Mas, como não mora sozinha, há sempre alguém que não compreende essa atitude. Importa-se com seu estado pensativo-observador. O que sabemos é que essa pessoa gosta de ler, tem hábitos positivos, e pensa que ficar isolada, por algum tempo, pode ser saudável.

Comentou com amigos e parentes que a ação de ficar em repouso não significa que esteja doente ou depressiva. Já explicou e tem se mantido firme em suas convicções que é um momento para esvaziar a mente. Deixar de lado o agitado mundo da informação, da internet, das ruas e, apenas, admirar as emoções internas.

Mesmo que alguém invada seu espaço com uma frase briguenta, como:

— Se não sair dessa cama, sua vida estará acabada! — isso não irá lhe abalar.

Porque sua intenção é buscar dentro de si algum disparador que lhe motive além das coisas externas. Só isso. Nada mais. Esse pode ser um estímulo poderoso.

Essa pessoa está passando a limpo o que não lhe fez bem. O que não é recomendável continuar insistindo. Nem o que não lhe é necessário ou essencial. O que está fazendo é a construção de um muro de contenção, para que ações positivas se manifestem no plano da realidade.

Essa pessoa deixa sua mente suavizar-se com sons do momento. Uma música suave é ouvida em som baixo e acolhedor. De súbito recorda-se de momentos tristes, opressivos, que a chatearam, irritaram-na, lhe fizeram chorar, marcaram os dias. Percebe que o remédio é buscar na memória o que restou de positivo no que se aprendeu.

As perguntas que faz de como sair de um problema — se parecem com a que todos fazemos em determinados momentos —, de onde irá buscar a calma para vencer esse sofrimento ou essa desventura? Conclui: que não há infortúnio, adversidade, calamidade, inimizade, acidente, catástrofe, desastre, desemprego, desgraça, traição, fatalidade, sina, flagelo, infelicidade que não possa ser reparado.

Depois das horas em que esteve em silêncio, do tempo que se fez valer, vibra que ao se recolher interiormente, encontrou um caminho de luz.

Essa pessoa sempre tem ânimo e entusiasmo.

23
Das nossas limitações e da saúde total

Só o fato de estarmos vivos é um sinal de que temos uma missão. Qual é a missão inicial? A primeira obrigação é cuidar do invólucro que estamos portando: o nosso corpo físico. Qualquer que seja ele, com sua estrutura, seu formato e suas configurações. Somos um produto da natureza do amor permanente, não importa como foi concebido. Porque quando nascemos, somos queridos e amados por alguém. E a formação de uma vida é um ato de pura beleza e engenhosidade divina.

Somos bilhões espalhados por esses continentes: há pessoas que têm todos os movimentos corporais, cabelos, peles, cores diversas. Todos, quando estão em perfeito funcionamento, não têm qualquer problema que possam se queixar. Não reclamamos se não tivermos limitações. Nem pensamos nos problemas de saúde. Pelo menos, deveria ser assim. Há quem mesmo estando bem de saúde, ainda reclama. Mas, não vamos ficar com esse grupo. Vamos analisar os que têm algum problema, e pensar como podemos aprender. Como tirar lições de sua garra e foco no resultado.

Quando algum movimento, quando algo não anda bem com o nosso corpo físico, quando algo nos falta, é que damos a devida importância. Ou, quando uma doença nos obriga a um tratamento mais rigoroso, cirurgias ou qualquer outra intervenção não invasiva, nosso humor pode se alterar.

Em se tratando de uma limitação física provocada por uma cirurgia, notamos como faz diferença para nos vestirmos, apanharmos um pedaço de papel que caiu no chão ou mesmo nos sentarmos em uma cadeira ou escrever um texto num computador. Os que vivem com limitações, quaisquer que sejam suas carências provocadas por diferentes causas, têm um desafio maior. E, não raro conseguem se superar, por terem essa vontade redobrada, essa potência duplicada. São pessoas duplamente vencedoras.

Essas pessoas encaram suas limitações com mais ânimo para superá-las. E agem — metaforicamente — como que subindo um degrau de cada vez, com calma e paciência. Vão aos poucos vencendo suas metas. Elas vão atrás do que é essencial para obter sucesso nas suas atividades.

Vamos a um exercício mental. Raciocine esse ponto de observação: por que será que só valorizamos o que temos quando nos falta? Por que nos sensibilizamos com os que têm dificuldades? Estamos preparados para nos adaptar a certas condições se elas ocorrerem?

A experiência nos mostra que somos movidos pela emoção e quando sentimos em nossa própria casa, em nosso corpo, em nossa alma, podemos mudar o padrão metal de pensamento. Ainda bem que podemos absorver com essas lições e compreendê-las.

Aí pergunto: se o físico não nos limita, comandado pela mente, por que a mente conseguiria nos limitar querendo fazer qualquer outra atividade?

Esse é princípio da saúde total. Valorizar o que se tem, com qualquer invólucro. Essa é a bateria carregada de autoestima. Em se aceitando: você — com seu corpo, sua mente e espírito — chegará onde seus desejos conseguirem concretizar metas.

Não importam os obstáculos, importa estarmos com saúde total para completar o que nos propomos a fazer como missão pessoal ou profissional. E quando vejo como pessoas especiais executam suas metas com determinação, não considerando que todos os esforços sejam sacrifícios, mas que fazem parte das metas, aí me convenço da mutabilidade do ser. Acredito na afirmação de que somos mutantes, capazes de nos adaptar a tudo, com múltiplos talentos à mostra ou escondidos.

Reafirmo, ainda, que não há mal que não se consiga contornar, em qualquer área: seja pessoal, familiar, profissional ou social. Damos um jeito para tudo.

Cena: Uma praia no litoral sul de algum estado

Uma senhora, dona Meire, de meia-idade espera as ondas se acalmarem. Está sentada debaixo de um guarda-sol, na parte de fora de um desses bares da orla.

Há anos vem à praia na sua cadeira de rodas motorizada. Foi um derrame que a deixou com sequelas e não consegue mais andar sem essa cadeira. Há todo um esforço para que possa estar ali. As ruas, calçadas, passagens não ajudam na circulação. Mas, há outros problemas.

Dona Meire vem ao mesmo lugar há anos. Esse é daqueles bares de praia, bem simples, que a prefeitura construiu para servir de apoio aos banhistas. O bar que tem algumas mesas e cadeiras, um chuveiro, dois banheiros, uma boa área coberta. Oferece um cardápio variado de peixes e crustáceos a preços atrativos. O dono, Marcos, o Marcão, da Boca da Praia, deu esse nome ao bar por ter uma boca bem grande. Nada a ver com algum estuário da orla marítima.

O que Marcão tem de simpatia, lhe rende uma freguesia constante e outra que sempre se renova. É a circulação de turistas normal em uma praia durante períodos do ano. Outra característica de Marcão é que teve poliomielite e tem dificuldade para caminhar. Não gosta de usar a bengala que seu médico lhe recomendou.

Dona Meire, às vezes, vem com sua irmã, Lina, que lhe ajuda a se movimentar pela praia. Nesse dia, ela tinha deixado a irmã tomando sol e foi fazer o almoço. Dona Meire, segurando um jornal nas mãos, conversa com Marcão sobre as notícias da cidade:

— Que coisa triste o que aconteceu ontem à noite, lá perto do clube, você ouviu?

— Não, dona Meire. Não li o jornal.

— Um grupo de cadeirantes foi atropelado por um carro desgovernado. Atingiram dois, que ficaram feridos, os outros foram derrubados, tiveram suas cadeiras amassadas. Os que ficaram feridos estão internados no hospital ali do centro.

— E o motorista, atendeu as pessoas? — Marcão mostra-se irritado.

— A notícia apenas diz que ele estava bêbado, que tinha garrafas no carro, que a polícia teve dificuldades para levar as pessoas. O Samu e todas aquelas coisas e seguranças que precisaram isolar o local... — ia concluindo dona Meire, quando Marcão partiu para atender outras mesas.

Com certa dificuldade, mas com a rapidez que lhe permite, ele vai e vem com alegria e presteza de sempre do bar ao caixa, e atende às mesas. É auxiliado por mais três empregados que lhe apoiam com o que mais for preciso.

Dona Meire estava indignada. Ao seu lado, sentado numa mesa estava um homem, que nem sempre está por ali, que escutou a conversa dos dois. O homem presenciou parte do resgate, e comentou:

— Eu estava passando e vi o socorro às vítimas...

— E o motorista ajudou as pessoas? — intrigada com a pergunta que Marcão fez, e não conseguiu descobrir, dona Meire tentou saber do homem que, por fim, contou os detalhes:

— Sim, tentou ajudar, mas estava tão bêbado que depois ficou sentado na guia da calçada. Os policiais tiveram que dar uma mão para que ele fosse levado na ambulância. Tinha um corte, deve ser.

Sangrava muito, o rosto estava sujo de sangue. Olá, não me apresentei, sou Carlos, prazer.

— Prazer, meu nome é Meire. É o que fazia por lá? Sei que não é da minha conta, mas era tarde, não?

— Não, era no começo da noite. É caminho da casa de um amigo. O cara devia ter bebido o dia todo — explicava Carlos.

Marcão continuava servindo às mesas. O movimento ia aumentando. Dona Meire e Carlos entraram numa conversa descontraída, pareciam velhos conhecidos de praia.

A cadeira de Meire é um modelo movido por um motor elétrico e, destravando uma peça na lateral, permite que seja empurrada com as mãos. Ela pediu que ele lhe ajudasse com a cadeira.

— Posso lhe pedir um favor? Normalmente é minha irmã que me leva até perto das ondas. Você não se importaria de me conduzir até lá perto da água. Já destravei aqui...

— Está bem, posso sim...

Carlos levanta-se, solícito, sem se importar, e passa a empurrar a cadeira em direção a uma calçada bem estreitinha, para evitar a areia fofa. Ele tinha força nos braços, empurrava vigorosamente.

Só o que dona Meire não comentou foi que sua irmã, Lina, fazia isso com outra cadeira, mais leve, com rodas finas, que até pode entrar na água do mar. Carlos não viu que parte da calçada se estreitava, e logo desaparecia debaixo de um banco de areia. A cadeira entalou e virou. Dona Meire quase foi arremessada para fora da cadeira. Ela ficou pendurada com uma mão presa em uma das rodas e a outra segurando a base da cadeira. Por pouco não caiu de boca no chão. Foi um susto. Todos que viram gritaram:

— Nooooossssa... Quase! Quase! — gritos se ouviram lá no bar.

Marcão que nada acompanhava, viu e saiu correndo. Logo se tranquilizou. Tudo não passou de um grande susto. Carlos estava todo sem graça, tentando ajudar dona Meire a sentar direto na cadeira. Pedindo desculpas e mais desculpas. Dona Meire entendeu que sua cadeira não tinha condições de andar na areia. Todos voltaram para a área do bar sem acidentes.

Em ocasiões especiais, recomenda-se certo conhecimento e preparo para ajudar. Sem querer, podemos atrapalhar.

24
Dos pequenos desapegos até descartar o lixo interior

Quando enfrentamos situações-limite com risco de morte ou quando a vida nos coloca contra a parede com disputas, brigas, desavenças e intrigas, ou quando somos submetidos a uma cirurgia para extirpar um tumor, por exemplo, o que podemos pensar? Entre as coisas que a mente divaga com o problema, eu foco em sair daquele problema, em tentar resolvê-lo.

Há pessoas que pensam além daquele problema: como no que poderia ser descartado ou deixar acertado para quem ficasse, já que poderiam sair de cena. Morrer, desencarnar, passar para outra vida. Há quem só pense em se desfazer de suas coisas nessas horas, que chamo de situações-limite. É certo que não precisamos dessas situações--limite, de choque, para optar por essas condições.

Vamos para o meu caso: com certeza, gosto de fazer limpezas esporádicas em meus bens acumulados: papéis, livros e objetos que vou guardando, às vezes, sem um uso definido. Mas, são momentos críticos de desapego que me levam a pensar em jogar fora, primeiramente, o lixo interior. Em ser mais leve com a vida e em ter uma vida mais leve.

É enxergar que é preciso de pouco para ser feliz. Que o que tenho me satisfaz, que o que preciso é continuar com um bom trabalho — no meu caso: escrever, publicar e ser lido — e manter o que tenho conquistado. E celebrar essas conquistas. Todas as vezes que for possível agradecer e comemorar com alegria as metas alcançadas, desde as mais simples.

Quando as situações-limite batem à minha porta, entro na linha da solução por partes: se não puder fazer as grandes mudanças, nem ajustes, quem sabe pequenos desapegos, um pacto de cada vez? Indo aos poucos. É muito bom.

Como você se comporta? Pensa em deixar as coisas arranjadas para não complicar a vida de quem irá ficar? Pensa em deixar as senhas, os contratos, em algum lugar? Em determinar em vida, um testamento? Quem poderá ter algo seu que gostaria que fosse partilhado? Nesse caso, estou querendo dizer das coisas simples, como objetos pessoais. Um testamento com bens segue outro rito processual.

Voltando ao desapegar com foco na vida mais simples. Há dias que estamos propensos a jogar fora o que acumulamos durante anos. Começamos pelas gavetas, depois, vamos aos armários: todos acumulam coisas, que como dizíamos e nos enganávamos: "serão úteis algum dia". Mas, descobrimos as suas inutilidades.

Na sequência, buscamos caixas e arquivos, onde estão cuidadosamente guardados outros documentos e mais papéis. Nesse momento a surpresa é quase fatal: "O que esse material está fazendo aqui?" Ou a indagação: "Por que essa papelada ainda está guardada?".

Penso que descartar coisas sem mais qualquer valor pode ser uma atitude diária. Reserve quinze a vinte minutos para esse processo de limpeza. Será menos cansativo do que ter que descartar o que acumulou durante tempos, ou de aguardar por uma situação-limite. Sua sensação será de alívio interior, que se refletirá na sua mente. Continue o processo, não julgue. Se pensar demais poderá mudar de ideia. Pergunte-se: "O que preciso desobstruir ou jogar fora nesse momento de restauração?" Nessa linha: "Onde me concentrar para deixar meu caminho mais leve?".

Afinal, queremos continuar no foco do que nos interessa sinceramente. É uma espécie de revisão. Posso acertar a rota a seguir, o ritmo, os passos certos no que ainda pode ser feito nessa vida. A limpeza física é um pretexto para a limpeza mental. Pois, carregamos a mente com responsabilidades, compromissos, culpas, e todos outros encargos. Nós guardamos muito lixo cognitivo.

Não é o momento de descarregar esse peso que está na estrutura de seus hábitos? Que tal começar o desapego? A limpeza mental?

Cena: Duas amigas conversam em uma mesa de bar

Quase final de uma linda tarde ensolarada, muitas pessoas caminhando pelas ruas. Os bares dessa região colocam mesas e cadeiras ao longo da calçada, protegidos por toldos bem coloridos. O local é bem bonito, uma arquitetura e um estilo diferenciado. É um desses locais da moda. Todas as pessoas que gostam de passar bons momentos se encontram por lá.

Célia e Carol se encontram uma vez por semana. As amigas são advogadas de dois escritórios, de empresas concorrentes, num centro comercial famoso. Formaram-se juntas, têm a mesma idade, e estão beirando a idade crítica da mulher. Se é que existe uma idade crítica para a mulher.

As duas chegaram juntas, são pontuais, pediram o de sempre. Então se serviram de sua porção preferida e já estão na segunda rodada de sua bebida favorita.

Célia é direta, cautelosa, reservada, tem cuidado com o que fala. É do tipo de personalidade: "pensar antes de falar". Pensa até demais, segundo ela própria, e gosta de mergulhar em suas análises pessoais, é perfeccionista. Carol é sintética, estuda muito. É objetiva e prática. Célia está dedicada a escrever um artigo sobre o momento dela como mulher e divide com Carol suas opiniões:

— Estou fazendo aquela tremenda revisão na minha vida. Sabe, no melhor estilo mudança de hábitos! O que fazemos quando a vida nos dá sinais?

— Como no filme? Nada a ver, não é? — responde Carol, dando um sorriso maroto.

Célia nem entra na provocação e continua suas divagações.

— É nessa linha que consigo entender meus costumes, meus hábitos — Célia está decidida a se explicar, a compreender o quanto suas rotinas têm lhe atrapalhado ou lhe ajudando.

Carol resolve entrar no papo cabeça. E dispara, instigando:

— O que dizer do que é válido ou inválido na vida, depois que já vivemos? Tudo na vida é válido, não é?

— Sim, até que se descubra que não valeu. Então, precisamos mudar, modificar nossas rotinas para nos sentirmos mais felizes, mais úteis — Célia tem em mente que mudar de hábito de vez em quando nos reorganiza em outras áreas da vida.

— Se acordo cedo, vou acordar tarde, se dirijo um carro, vou andar de bicicleta, se guardo muitas coisas, vou desguardar — Carol leva tudo para o lado da brincadeira e do mais simples.

— Pode ser — Célia sorri e entra no jogo. — Se grito, vou ficar quieta. Se como gordura vou para a salada. Se uma conduta não está dando certo, vou buscar uma que possa me satisfazer, que seja coerente...

— Célia, não existe hábito coerente universal, existe o hábito que você considera coerente para você. Para o outro não será coerente, não acha assim?

O local está bombando de gente bonita, descolada, e querendo interagir. Dois rapazes se aproximam da mesa e as duas fazem uma cara de "por aqui não vai dar" e eles se afastam. Célia continua seu raciocínio:

— Quando fazemos uma revisão nos acontecimentos da vida, vamos buscar nos nossos hábitos uma explicação do que foi coerente ou não. Não é assim que você age?

— Pode ser, vamos lembrar uma determinada situação — Carol se deixa levar na tentativa de criar um cenário e quer comparar fatos: — Em um determinado dia em que falei o que não devia ou em que cheguei atrasada ou que me exaltei demais e perdi a paciência.

Célia entra na dinâmica:

— Nem sei se entramos nesse nível de detalhes. Penso em situações que sejam mais de nossas raízes...

— Sim, entendo, mas se conseguimos nos recordar de um evento, de um fato, a partir daí mergulhamos numa análise dessas raízes de nosso comportamento, o que acha? — Carol está convencida de que por partes podemos ir aprofundando a análise.

— Minha amiga, é um bom caminho para a análise. É uma forma de irmos melhorando nossas atitudes. Porque nem sempre conseguimos saber se teria sido correto agir daquela maneira. Não sabemos ao certo, mas vamos fazendo pequenos ajustes, mudando e desapegando do que for preciso. Essa é uma regra de conduta que podemos estabelecer e depois vamos corrigindo o que nos incomoda, que nos perturba e o que nos tira do sério ou deixa infeliz — completa Célia.

— Minha amiga, essa não é a tal moral de cada um? Na moral... — Carol canta enquanto fala esse texto — a minha moral pode não ser a sua.

Sabe que eu a entendo, não é? — a sorridente Carol deixa uma brecha para que o debate esquente.

— É por isso que cada um age como sua cabeça. Na moral... — Célia não quer controvérsia — Simples assim — conclui.

— Vamos à outra rodada? — Carol acredita que um gole pode selar a amizade das duas e arrematar a conversa.

25
Dos talentos e das disposições

Em geral, temos muitas habilidades. Considero que o momento da explosão para a execução seja a chave para o sucesso. É quando digo a mim mesmo: "Isso tem que ser feito". Você não se impõe um resultado? Como na expressão: "Tenho que concluir esse trabalho". Por outro lado, há pessoas que preferem não insistir. Elas desistem de dar continuidade aos projetos, ou são as que postergam e encontram qualquer motivo para não ir em frente ou estão satisfeitas com o que estão fazendo. Não são dessas pessoas que iremos comentar agora. Vamos nos deter naquelas que têm despertadas a frase: "Sei o que estou fazendo, e faço bem!".

Vou descrever, sem me preocupar com pormenores, de como poderia ser esse tipo de personalidade talentosa: É alguém que independente de qualquer fator interno ou externo, até das forças que o destino lhe coloca à frente, entende que, a toda hora, pode estar sendo posto à prova. E, por conta disso, tem sempre que estar preparado para aquele desafio. Esta é uma pessoa determinada, motivada, com muita disposição para desempenhar o melhor em qualquer lugar. O local certo é onde ela está. Ela é merecedora de seus momentos, quaisquer que sejam.

Ela entende que as circunstâncias e as oportunidades andam juntas para que o talento seja demonstrado. E busca, procura, cria as condições para mostrar a sua distinção pessoal ou profissional. Pensa que "não há um excelente pianista sem piano". E: "Se faltar bola ao craque? Vamos arranjar o campo, as camisas e, também, a bola". Pensa que já que nasceu com essa centelha explosiva da vontade de concretizar. Acredita que se tem um dom precisa ser equipado para que seja desenvolvido. Quanto a ser reconhecida pode ser apenas uma questão de tempo.

O que você pensa disso? Consegue enxergar algumas personalidades com esse talento, digamos, nato? É provável que sim. Há muitos com esse talento natural. Tão natural que nos esquecemos de pensar em pessoas comuns. Provavelmente pensará, geralmente, nos jogadores, em esportistas, pianistas, cantores, entre outros.

O interessante é conhecer um pouco sobre o que é talento. Pelo dicionário: "um dom natural ou adquirido". Vamos pegar três palavras sinônimas de talento: propensão, jeito e capacidade. Ou seja, além dos que nascem com aquela certeza do "já sei o que vou ser quando crescer", temos as pessoas que podem despertar uma habilidade para o seu sucesso em algum momento.

Tudo começa pelo gostar de aprender ou de alguma atividade que praticamos, que nos tornamos experientes naquilo que fazemos durante um tempo, ou que somos bons ao desenvolver, ou da tradicional frase: "me diga o que mais gosta de fazer." "Onde se sente senhor de si nas suas atividades?". Note que "gostar do que faz e viver daquela atividade" não deve ser confundido com "fazer uma atividade só para seus fins econômicos ou financeiros". O importante é gostar do que se faz. Sentir-se bem e feliz.

Sendo assim, a não ser que goste do que está fazendo, acrescento-lhe um dado: pesquisas na área de recursos humanos indicam que, um número significativo de pessoas, não se sente em harmonia entre o que quer, o que gosta, o que sonha, com o que está fazendo no momento. Os números mostram que muito mais da metade de quem exerce alguma atividade profissional está nessas condições. É um dado alarmante de pessoas insatisfeitas ou, quem sabe, infelizes.

Onde pode estar uma saída? Estudar mais, pesquisar áreas de seu interesse? Se especializar em outra área ou se dedicar a outra atividade? Para isso, é essencial se preparar em outros campos do conhecimento. Abrir-se a novos desafios. Pode ser uma saída. Não pensa assim?

Voltando às pessoas com talento natural e as pessoas com talento adquirido, aquelas pessoas comuns com capacitação. Podemos entender como chegar a nos aproximarmos de ser essa pessoa talentosa, se formos nesse ponto do constante aprendizado. Todos — sem exceção —, pessoas com ou sem talento, enfrentam as mesmas dificuldades.

Uns mais, outros menos. E é na dedicação e no esforço pessoal que se irá pavimentar o caminho do aperfeiçoamento. Dessa maneira, será com perseverança, que iremos superar as deficiências.

Quem quer se tornar referência precisa mostrar sua competência. Então, é preciso praticar no seu campo de atuação. Quem quer que seja: talentosos natos ou pessoas comuns bem capacitadas, todos cometem erros, têm falhas, e precisam de muito treino — treinamento intenso — para cumprir seus papéis. Concorda?

É esse treinamento intensivo que quero destacar. Exercitar-se com constância, afinco, obstinação. O sujeito talentoso pode necessitar de menos treino. O sujeito normal, esforçado, que quer se tornar mais capacitado, precisará de um pouco mais de treino. Quanto? Dependerá do grau de excelência que a pessoa com talento adquirido irá perseguir. Quanto mais treinamento, mais níveis de perfeição numa determinada atividade. Só cuide para não exagerar. Pode comparar seus resultados!

É uma inveja positiva quando temos como referência querer estar entre os bons, entre os melhores, entre os destacados. Estará competindo lealmente com aptidão e conhecimento. É saudável lembrar o quanto somos iguais e diferentes: "alguém tem sempre alguma habilidade a mais do que você em alguma coisa".

Cena: Um ginásio de esportes de uma cidade do interior.

Essa cidade é considerada celeiro de grandes atletas, que saíram dali para fazer sucesso nas pistas de corrida mundo afora. Esse ginásio, de tempos em tempos, recebe atletas para diversas competições do circuito nacional e internacional. Nossos dois atletas, entretanto, são amadores, querendo se tornar profissionais. São dedicados conhecedores do que praticam com relativa assistência e treinamento.

    O ginásio está cheio. Outros esportistas estão treinando suas marcas, que em nada podem ser consideradas olímpicas. Esse espaço é sempre concorrido, há sempre um grupo de atletas e alguém lhes dando apoio e treinamento.

    Lucas e Manuel são corredores cinco vezes por semana, têm menos de trinta anos, são solteiros e adoram se concentrar nesse esporte. Lucas já ganhou algumas medalhas como velocista, quando era mais jovem. Agora são corredores fundistas. Um corredor fundista é aquele de provas acima de 10.000 metros. São de uma preparação diferente e têm estrutura muscular distinta dos corredores velocistas.

    Pretendem participar de campeonatos dessa modalidade de caráter — quase — profissional. Corredores dessa modalidade estão sempre viajando para as cidades aqui e no exterior, que promovem essas e outras corridas, como a meia-maratona, com prêmios atraentes. Além de passear, conhecer pessoas, cuidam da saúde e se divertem muito!

    Estão procurando um novo treinador. O outro treinador abriu mão de treiná-los. Isso mesmo: desistiu deles. Lucas ainda está indignado:

    — Tenho tentado encontrar um novo treinador. Conversei com nosso antigo treinador, ele não quer mais nos treinar, mesmo. Diz que não fazíamos o que ele falava. Disse que sempre arranjávamos um motivo para não treinar.

— Mas participávamos das provas. Podíamos não estar tão bem, mas tínhamos fortes razões para não estar — Manuel, com um largo sorriso, explica com certo ar de resignação e tentando se desculpar. Afinal, ele parece não se importar.

— Sim, os treinos. Falo dos treinos. Nós íamos nas provas, competíamos, mas não íamos tão bem. Temos que ser razoáveis. Ele não quer colocar seu nome em perdedores. Vamos nos dedicar ou não? Eu quero me dedicar! — Lucas sabe que só depende dele, mas ainda quer saber se o amigo quer continuar.

Manuel quer mesmo é se divertir, passar o tempo, curtir tudo o que pode nas cidades que visitar. Fazer companhia ao amigo é parte do programa.

— Lucas, não quero ser insensato. Já lhe disse. Só quero cuidar do corpo e participar das provas...

Lucas sabe que a vida de um atleta exige disciplina. E faltava isso quando eles saíam para se divertir após uma corrida. Mas, está se exaltando, se irritando com a postura de Manuel:

— Eu entendo você. Sei que prefere curtir a noite algumas vezes. Era o que aquele técnico não conseguia resolver. O que pode ser prejudicial é não levar as coisas a sério. Eu é que não devia acompanhá-lo.

— Sim, eu sei. Não cumpríamos com o que ele dizia — Manuel tenta acalmar os ânimos do amigo.

Lucas não se conforma em não ter outro treinador:

— Ele sabia que se não conseguíssemos manter o ritmo, não atenderíamos a expectativa dele. Não tínhamos o que ele queria, que é garra. Não deu certo, não funcionou do jeito que se esperava. Perdeu a confiança em nós...

— Lucas, o que podemos fazer é que eu continue ajudando você a pagar o treinador, e você se esforça. Coloque seu tempo, empenho e dedicação nesse projeto. Para mim, quero estar entre pessoas. Esse negócio de fazer esforço não me atraí.

— Não acho justo você bancar e não participar...

— Dá mesma forma que não acho coerente você querer me acompanhar em todas as baladas nas cidades que visitamos — pondera Manuel.

— Pode ser bom, pode dar certo — Lucas começa a se conformar, mas insiste que quando der irá pagar sozinho o treinador.

Manuel não está preocupado com o dinheiro, nesse momento.

— Se é bom para você, pode ser útil para mim. Ter alguém correndo na mesma corrida. Se eu chegar lá atrás, sei que você deve estar entre os corredores lá na frente.

— Eu teria um treinador, que estaria ligado ao meu trabalho, não ao seu. Isso irá valer a pena? — pergunta Lucas.

Manuel sabe o quanto suar uma camisa pode valer:

— Para mim vale a pena. Estou com as pessoas que gostaria de estar. Esse é o meu propósito!

26
Dos acertos em uma conta-corrente

Cada dia que passa é como se tivéssemos uma conta-corrente imaginária no universo astral. Claro que estou usando essa figura de linguagem para demonstrar uma forma de como podemos nos sentir quando fazemos coisas boas. Quando somos gentis, generosos, atenciosos, respeitosos com as pessoas. Em um dia somamos, em outro diminuímos, e, as atitudes feitas ou não, vão sendo contabilizadas. Às vezes, podemos somar numa semana inteira e diminuir em dois ou três dias seguintes ou alternados. Não há um só tempo de ganhos. Há tempos de ganhos e perdas.

Essa é a figura que gostaria que ficasse na sua mente: nossas boas ações valem mais do que as más ações. Valem dentro de nós. Se nos faz bem, vale fazer o bem. Quanto à contabilidade no astral, não quero que fique imaginando que existe alguém, em algum lugar invisível, com um caderninho fazendo essas anotações.

Você poderá me perguntar: está querendo dizer que as ações que fazemos para o bem são estimulantes? Sim, são estimulantes porque partem de fatos geradores de motivação. E essa motivação promove uma descarga de energia positiva em nosso corpo. Ele — o fato gerador — sinaliza o quanto é saudável fazer o bem. Consequentemente, você se sentirá bem. Seu corpo, sua mente e seu espírito lhe serão gratos.

Agora, mudando a polaridade da fonte de energia de positivo para negativo. Vamos pensar como é o clima de tensão entre pessoas que estão em alguma disputa, em intrigas, desavenças ou que adoram fazer fofocas? Estão sempre se estressando, não é? Eu não gostaria de listar eventos desagradáveis para tentar levá-lo até essa sensação de aborrecimento. Mas, se eu lhe perguntasse do que prefere: viver em paz ou em pé de guerra? Tenho quase certeza de sua resposta.

Pensar no mal, agir e viver na maldade ou só refletir sobre coisas ruins, pode ser uma opção de vida. Ou uma forma de ganhar a vida. Mas, nessa contabilidade do astral, dá certa tensão aos músculos e à mente. Dá muita dor de cabeça. A sociedade sabe o que faz com os sujeitos que têm esse lado perverso, e até de como podem se recuperar ou restaurar sua dignidade e o respeito com outras pessoas.

Estando ciente de que não seria coerente nem lógico, fico pensando se existiria uma conversa entre pessoas que quisessem saber o saldo dessa conta no astral? Essa é a parte interessante e intrigante. Pois, nunca saberemos se estamos no azul ou no vermelho, se as contas são positivas ou negativas. Penso que seria surreal uma conversa desse tipo. Não levaria a lugar algum. Porque nunca teremos essa resposta.

Sendo assim, raciocinando, concluo que é melhor pensar e agir no bem porque vivo menos tenso, menos estressado, contemplo mais as boas realizações que outras pessoas criam, aprecio escutar as notícias positivas e olhar as coisas belas. Parte de mim escolhe olhar e vigiar o lado negativo da força, na certeza do caminho escolhido.

Por que o caminho do bem? Porque faz bem à minha saúde total, ao meu conjunto corpo-mente-espírito; além de ser feliz e em estar em harmonia com minha comunidade e vizinhança. Essa é minha autodeterminação — viver no bem é bem melhor. Por que ser diferente?

Cena: Em um acampamento de refugiados

Uma família saindo de uma área de conflito bélico. Um traficante de pessoas se aproxima de um homem que parece ser a pessoa que lidera o grupo. Dirigi-se até ele:

— Para onde? — pergunta com um sotaque bem carregado.

— Para bem longe daqui. É só o que queremos — desabafa aquele homem, com vestes surradas, rasgadas.

— Tenho transporte para atravessar até outro lado. Interessa? — aquele homem estranho olha para os lados como se estivesse procurando por alguém.

— Sim. Mas, quanto custa? Somos quinze pessoas...

— Tenho espaço para dez. Se levar todos, responsabilidade sua. Sai três mil, quarenta e cinco mil — a frieza é a marca que está estampada nos olhos.

— Não tenho tanto dinheiro...

— Tem outro grupo ali... — aponta para uma cabana que alguém lhe acena.

— Só tenho trinta mil.. — com voz débil e cansada, está ansioso, desgastado com o que tem sofrido.

— Nada feito. Dez embarcam. Escolha quem fica — e se vira como se deixasse de se interessar por aquele grupo. Ensaia sair caminhando.

Quem sabe com outros pode ser mais vantajoso. Para aquele mercador é apenas um negócio.

27
Das rotinas, das realizações, do sucesso

Podemos pensar que um dia é completado por rotinas ou não. Isso quer dizer que você teve diversas escolhas que preencheram seu dia. Um exemplo: se estivesse irritado poderia desistir de sair com amigos no final da tarde, apesar de terem combinado há uma semana. Ou você poderia rever suas prioridades, se aparecesse um problema de saúde com algum familiar. Isso é o que chamo de microdecisão.

É diferente de quando percebemos que uma rotina está sendo estressante, damos um jeito para acertar, ajustar ou mudar aquele costume. Não irei comentar por aqui das pessoas que gostam de viver em regimes estressantes. Essas pessoas precisam de pressão, preferem estar nos ambientes em que haja necessidade de constantes articulações e tensão. Não analisarei esse grupo.

Continuando na linha de pensamento dos que querem e buscam as coisas boas na vida, dos que querem ter bons hábitos e costumes. Dentro dessa essência, seria viver com suas boas preferências e melhores práticas. O que estamos construindo nesta dissertação.

Quando nos deparamos com pensamentos de que "estou fazendo algo além do que gostaria de fazer", ou "agindo quase que por obrigação", ou "que nada mais é prazeroso e ainda é doloroso". Há que se dar uma solução. Assim, temos diante de nós a nossa mente criativa, que oferece as rotinas para que sejam realizadas as ações que levarão ao sucesso. A decisão é vista como a porta de entrada da rotina.

Explico: se quisermos ficar onde estamos ou nos movermos, constantemente, sempre há por trás disso uma decisão e uma rotina. As rotinas se abrem de macro às microdecisões. Ou se preferir, como tenho esse entendimento, os quatro níveis de decisão: as decisões das grandes mudanças — quando se formam por rupturas; as médias e as pequenas decisões — que ficam no grupo dos acertos e ajustes; e as ditas microdecisões — que são as escolhas que podem ser até consideradas como banais, corriqueiras ou de percurso. Mas, que podem fazer grande diferença, pois compõe outras situações, que comentamos em 'detalhes como superlativos de força' (ver item 20 deste livro).

Tomando outro exemplo, pense: como poderá melhorar a utilização do tempo com alguém que ama? O ideal seria debaterem sinceramente sobre esse assunto. Isso mesmo, conversarem e tentarem resolver como curtir bons momentos juntos.

Entretanto, há várias reações que poderemos presenciar e vivenciar quando uma atitude exigir uma tomada de decisão e afetar ou provocar a alteração de uma rotina. Nessas situações precisaremos explicar aonde queremos chegar. Quem sabe uma pessoa ficará intrigada, dirá: "estou preocupada com o que está falando".

Se estivermos lidando com outro tipo de pessoa mais sensível, poderá dizer que "pressente quando os ventos não lhe estão favoráveis". Ainda dirá "há novas lições para se enfrentar" ou "há alteração se formando no meu horizonte".

Outra dirá que "sente uma pressão no coração" ou "uma parte do corpo fica dolorida". Ou "que lhe dá secura na boca" ou "não consegue prestar atenção". E mais: que "esses assuntos lhe dão um cansaço inexplicável".

O que fazer? Respire fundo, se acalme. E, apenas diga "que gostaria de bater um papo aberto, generoso, sobre como curtir mais o tempo entre os dois, para melhorar a relação". Nada mais.

Na cabeça de cada um processam-se múltiplas opiniões, até que se tenham esclarecido as verdadeiras intenções. Sendo assim, quando as rotinas são centradas nas verdadeiras intenções, acredito que qualquer caminho que venha desse forte desejo interno possa levar ao sucesso. Vale entender que sucesso é a execução de atos sistemáticos ou não que atinjam resultados esperados. Não tem nada a ver com ter fama.

Terá sucesso qualquer pessoa que tiver objetivos e metas bem definidos. Em qualquer situação, quando temos foco em nossas ações, nas verdadeiras intenções, não sentimos o tempo passar, nem consideramos as dificuldades. Ultrapassamos obstáculos com facilidade. Sendo nesse ritmo, se estivermos caminhando nessa linha de pensamento construtivo, no bem, estaremos construindo uma estrada exitosa.

A fórmula para o sucesso é fácil de praticar, ou seja: esforce-se sabendo que o resultado lhe dará, no mínimo, uma boa história para contar entre amigos ou numa reunião familiar. Ou, se quiser e preferir, escreva um livro contando suas experiências rotineiras e bem resolvidas.

Cena: Uma escola de arte. Uma sala de aula de pintura

O local é daqueles que queremos passar horas observando. As paredes, os corredores, as alamedas, os jardins muito bem cuidados. Essas escolas de artes nos dão a noção de como a estética é importante para a compreensão de muitas coisas na vida.

Não conseguimos compreender, mas sentimos como pode ser o despertar do que a essência de um pintor quis expressar em uma de suas telas. Em como linhas, o que para uns podem ser manchas, os rabiscos, têm ligação com alguma explicação escondida em algum lugar da mente. Aprende-se que nada é definitivo quando se observa uma obra. Ela — a obra — conta mais do que se vê. Mas é preciso ter os olhos da alma abertos para apreciar esse algo a mais.

A aula estava concorrida. Eram quase quarenta alunos à frente de seus cavaletes. Um mega-ateliê.

Uma linda formação de pessoas dos mais diversos estilos e silhuetas. Cada um revelando nas vestimentas sinais do que aprecia em arte. É uma leitura.

A professora, uma conhecida pintora que tem sua marca peculiar em obras que retratam várias cenas das ruas, bares, casarões, prédios de Paris e das peculiaridades que seus habitantes costumam portar. Têm dezenas de prêmios, participações e exposições em mais de trinta países, tem uma sensibilidade aflorada: Madame Gisele. Leciona há vários anos nessa escola de artes. Veio preparada para falar "dos retoques até uma restauração". Mas, o tema da aula de hoje era pomposo: a arte de restaurar trabalhos artísticos.

Dar um retoque numa obra pode ser uma decisão de quem está pintando, aquela pintura que não está acabada, como um capricho pessoal, um detalhe, não importa a intenção ou a necessidade. Já a arte da excelência — em conhecimento técnico e científico no uso de materiais — está em como restaurar a obra de um pintor renomado e de grande valor comercial. Essa aula será apenas uma introdução, pois se exige dedicação e muitas horas de estudo e treinamento para se tornar um especialista em restauração de obras de arte.

Uma obra precisa ser restaurada por diversas razões, como: deterioração provocada pelo tempo de exposição, da iluminação, ou manuseio incorreto, entre outras. A aula é exatamente sobre esse tema que para muitos profissionais, que querem se dedicar, é quase uma missão de vida e que exige muito talento.

A professora começa a aula comentando da restauração da obra mais famosa do pintor Cândido Portinari, intitulada *Guerra e Paz*, que ficou exposta na sede das Nações Unidas, em Nova York.

Uma bela apresentação, ilustrada com filmes, fotos e projeções, vai discorrendo o tema. A aula está transcorrendo de forma expositiva e interativa, com alunos fazendo perguntas dentro da proposta. Um aluno, Tadeu, que tem se destacado em seus desenhos com tinta nanquim — uma técnica que faz para sobreviver — nesse dia, está destoando da turma. Ele está fazendo perguntas e comentários, que a princípio, não cabem naquele contexto da aula.

Madame Gisele, explica, tentando dar atenção a todos. Insiste que em arte sempre é bom se conhecer todas as técnicas para saber perguntar. Esperava que com essas observações, Tadeu pudesse prestar atenção.

A primeira parte da aula termina e, como era de se esperar, Tadeu vai até a professora para saber se a sua técnica, com o que tem feito, poderia ser aplicada em um trabalho de restauração. O diálogo, se inicia, com certa arrogância por parte do aluno:

— Então, Madame Gisele? Tenho ou não possibilidade de ir em frente com essa decisão?

Com toda paciência, a professora resolve mostrar a importância do tema:

— Você é daqueles que gosta da perfeição? – inicia a conversa com precisão em suas palavras.

— Tenho meu valor, venho praticando muito... — não há tanta certeza no que Tadeu fala. Nem termina seu raciocínio e a professora quer acabar aquele diálogo.

— Nada está definitivamente pronto em arte. Há sempre uma coisinha a ser terminada ou algo a ser feito. E, quando está feito, a dúvida: poderia ter havido melhorias. Essa é uma das grandes lições que a arte nos mostra.

Tadeu escuta com atenção, mas não consegue entender aonde Madame Gisele quer chegar. E ainda tenta mostrar que tem talento:

— Sofro quando estou trabalhando em um desenho, pois sei que a perfeição é o limite.

— Tadeu, essa perfeição não existe, já que os limites na arte são infinitos — a professora quer que seu aluno tenha humildade e saiba reconhecer o processo de aprendizado. Ele tenta falar, mas dessa vez, ela o interrompe, continuando seu raciocínio:

— Aí está a diferença entre as pessoas talentosas. A dúvida do perfeccionista é quando ele tem uma tarefa, não sabe dizer quando está finalizada. A certeza do aprendiz é que quando ele tem uma tarefa, ele a finaliza antes de terminar.

— Mas, já passei dessa fase de aprendiz. Tenho uma rotina de trabalho que me permite conhecer essas técnicas — Tadeu não está satisfeito com o que ouve.

— A arte de restaurar é apenas uma parte de uma finalização, pois sempre poderá haver outras finalizações. É um trabalho constante, de tentar chegar perto de se aperfeiçoar o que já é perfeito e aperfeiçoado.

— Eu me sinto satisfeito comigo mesmo — o aluno está mudando o foco da conversa.

— Não estou entrando nessa percepção. Esse dado é parte de seus indícios internos, de sua visão pessoal. Falo de como deixamos de ser um para ser outro. Um artista pode ser um trabalhador disciplinado. Também podem ser uma pessoa satisfeita. Ou como muitos artistas: pode ser um eterno insatisfeito com tudo que o cerca.

— Professora, eu sempre estou querendo algo que seja definitivo, perfeito, único.

— Pois então, meu caro Tadeu, não aceite o remediado ou o incompleto. E saiba que na vida, como na pintura, cabem retoques.

Uma boa aula de estética e ética. Isso para mostrar que a vida se modifica e não se petrifica.

28
Das repetições, da experiência que ocorre da prática

O êxito se constrói quando se repetem atos bem-sucedidos. Há em muitas declarações que o bem-sucedido é aquele que sabe separar os erros dos acertos. Ou seja, não repete o que deu errado, mas o que está dando certo. Esse é o ponto: repetir o que dá certo, o que lhe traz prazer, o que lhe acalma, o que lhe diverte.

Vamos imaginar uma pessoa experiente, com rotinas flexíveis, inteligente, bem informada, que faz avaliações de seu estilo pessoal. O que caracteriza uma pessoa com essa vibração inventiva e produtiva é a determinação e interesse em ultrapassar obstáculos. Conhece as razões que a está levando ao caminho certo. Ela poderia se perguntar: "O que faço para alcançar metas? Sei separar o que é essencial do que é importante e do que é necessário? Estou desesperada? Estou empenhada? Delego o suficiente das atribuições? Tenho amizades que contribuem? Prevejo ou me antecipo aos problemas? Negocio as situações que me dificultam? Tenho perfil de esforçada e comprometida?".

Uma pessoa desse tipo poderia repetir uma oração toda manhã, como um mantra: "sei o que quero e sei como conseguir". Receberia sinais de alerta de seus sonhos? Não, não se preocuparia. Não deixaria de acreditar.

Aprendeu com a vida que "conhecimento e sabedoria vêm com a experiência prática". A ocasião é a qualquer hora. Compreende que os acontecimentos são construídos de muitos e múltiplos eventos e que se existe um componente aleatório — casual ou eventual — é o que outras pessoas fazem ou criam.

Portanto, nessa linha de pensamento do: "eu recebo o que mereço e o que está reservado para mim" — sabe que é daquilo que plantar, criar ou idealizar. Por quê? Porque só depende dela executar a sua parte. Em criar as condições e as rotinas que a experiência vencedora tem lhe mostrado.

Se algum fator externo, por mais que tenha planejado, modificasse o seu momento, o que iria fazer? As correções, ajustes, mudanças, o que lhe fosse melhor. E aceitaria o que não puder ser mudado.

Cena: Numa marina, contratação de tripulantes, para uma viagem

As regatas marítimas são aventuras cheias de emoção. Que digam alguns velejadores solitários que já efetuaram travessias por esses mares. O mar é um remédio para muitas doenças. Uma delas é fugir da vida atribulada. Não sei se é uma doença, mas para quem quer encontrar paz e tranquilidade pode ser uma boa alternativa. Há rotas de cruzeiro pelo mundo, umas trinta. Esse capitão, um americano naturalizado brasileiro, Jimmy, e alguns de seus tripulantes já fizeram essas rotas.

Há necessidades e exigências de tripulantes com habilidade especial num veleiro para viagens de porte. Não basta apenas aprender a velejar ou ter conhecimentos sobre alguns equipamentos. Exige-se uma boa formação. Longos cruzeiros podem ser entediantes. O espaço de um veleiro, por mais que possa ser aconchegante, é limitado. E o amplo espaço aberto, ao se olhar o grande mar azul, contrapõe-se com essa restrição de espaço no veleiro. É extremamente relevante.

Jimmy é o dono da embarcação e capitão, e tem muita experiência em navegação. Seu veleiro é bem equipado, moderno, tem uma enorme autonomia. Está em busca de mais dois tripulantes, que irão fazer um daqueles roteiros: saindo do Rio de Janeiro, indo ao sul do continente circundando o Cabo Horn, e subindo até o Cabo San Luca, no México; depois chegar ao Havaí, Taiti, Fiji, um imenso arquipélago com 800 ilhas, e chegar a Sidnei, na Austrália. Lá irão participar de dois importantes torneios regionais. Os preparativos para uma viagem desse nível exigem atenção a fatores decisivos.

Numa marina, quando se diz que um veleiro está em busca de um tripulante, há uma grande corrida de interessados. Nada como viajar, passear, trabalhar um pouco, e se divertir muito. Certo? Errado.

Jimmy está tendo dificuldade para encontrar quem tenha um perfil adequado para estar tanto tempo em alto mar. Entrevistou nessa semana mais de vinte, e nada. Hoje já foram seis. Terça-feira, na parte da manhã.

Os tripulantes precisam ter conhecimentos e experiência de como navegar pelos oceanos. O que nota na conversa é que são bons em teoria. Acaba de chegar o sétimo candidato, Américo, que está descontraído, conversam por um bom tempo e ele mostra confiança:

— Eu sei que se fosse um passeio curto tudo poderia ser leve e descompromissado. Em convivências mais longas, algumas formalidades precisam ser cumpridas. Assim como você quer me conhecer seria importante eu conhecer você e sua equipe.

Jimmy nota que há bom senso na colocação de Américo. E lhe pergunta: — Quais são seus cursos e suas habilidades práticas?

— Sei lavar louça, limpar o convés, o banheiro, contar histórias e tocar violão — Américo responde como se isso bastasse.

Jimmy pensa e não diz o quanto esse rapaz não tem nada a ver com o florentino que descobriu a América. É sincero e direto:

— Sim, histórias e músicas são importantes. É bom ter essas habilidades. Mas, não dessa vez. Preciso de alguém com mais do que esse tipo de arte.

— Mas, já lhe demonstrei alguma sensibilidade. Poderia lhe perguntar o que mais precisaria saber para estar na sua equipe?

— É verdade. Penso que sensibilidade você tem. É um artista. Até poderia ser uma boa companhia. Só que nessas viagens, quanto mais tempo juntos, mais chance de desentendimentos. As pequenas desavenças podem ser sanadas imediatamente, quando temos viagens curtas. Nas viagens longas até optamos que um chato possa ser jogado ao mar — o humor sarcástico é uma marca do capitão Jimmy, que termina a frase rindo.

Américo sorri, aceitando a brincadeira. Jimmy continua sobre que tipo de pessoa procura, com que experiência:

— Todos no time precisam saber de primeiros socorros. E procuro alguém que saiba fazer reparos nas áreas de eletricidade, mecânica e hidráulica, que faça em rodízio.

— Bem, comecei um curso de enfermagem — responde Américo — e parei no segundo ano. Tenho alguma noção do que se pode fazer em situações de risco e cuidados com o corpo.

— Você tem como comprovar? — Jimmy sabe que as evidências são importantes. Nada de dúvidas.

— Tenho. Posso pedir um histórico escolar. Você pode fazer todas as perguntas sobre o socorro de emergência.

— Américo, está bem por esse momento. Não precisa trazer seu histórico agora. Você é um pré-candidato. Estou com seu telefone, e lhe darei uma resposta até o final da semana — Jimmy lhe estende a mão, e despendem-se.

Outros candidatos continuam aparecendo, mais seis ainda nesse dia. Trazem diplomas ou certificados de cursos rápidos. Jimmy tenta explicar que, não está precisando de quem saiba, mas de quem pratique, para que possa fazer rodízio dessas atividades de manutenção.

Ao que parece os candidatos estão querendo se aventurar para ir mais longe, mas sem ter qualquer experiência. É essencial ter feito algumas dessas atividades antes mesmo em terra firme.

Jimmy até recomenda para candidatos que têm potencial nas áreas de eletrônica — quem sabe utilizá-los em outra viagem —, que falem mais de um idioma, que conheçam de sistemas de navegação e comunicação. E insiste que façam pequenas viagens costeiras, para irem se adaptando, acostumando, praticando.

Capitão Jimmy diz isso a quase todos: "É importante que saiam com pessoas experientes para tomar lições práticas. Façam viagens curtas. Pois, ter uma licença ou conhecimento teórico não garante uma viagem segura. A prática nunca deve ser menosprezada".

Quanto a Américo, apesar de ser uma pessoa agradável, não será marinheiro nessa viagem.

29
Dos muros, das pedras mentais, da autossabotagem

Fecho os olhos, visualizo, lembro-me de pessoas que andam curvadas, como se carregassem o peso dos pensamentos em seus ombros. Pergunto-me: quais seriam as 'pedras mentais' que têm transportado em vida? Há pessoas que andam curvadas, que se o problema não for físico, pode representar alguma forma de pensar do tipo "estou levando o mundo nas costas".

As 'pedras mentais' poderão compor muros, barreiras, cada vez maiores. São as formas de pensamento e comunicação destrutiva, confusa ou negativa quando nos autoavaliamos ou que temos com nossa mente. É a composição de nossa estrutura de crenças e valores. As ideias fixas, aprofundadas e enraizadas desses julgamentos que passam a ser parte integrante de nosso enredo, como definitivo.

Claro que esse conjunto de "pedras mentais" é uma metáfora, para definir o que está dentro da sua mente, aquilo que você mesmo define como sendo a sua verdade. A sua maneira de pensar e agir.

Isso não significa que o seu jeito de ser irá lhe atrapalhar a alcançar algumas metas, ou, quem sabe, de ser uma pessoa afortunada. Você constrói seu mundo de felicidade ou infelicidade com o que acredita.

Mas, vamos seguindo nesse exemplo. Nós carregamos algum tipo de 'pedra mental': que poderá ser absorvida, acumulada, ao longo da vida, dando ou não contornos ao nosso corpo. Portanto, vai se compondo o padrão mental, desde criança, adolescente, adulto à idade madura.

Além do reflexo na postura, do que falamos e absorvemos no corpo, há mais um componente que se reflete nas atitudes: são os comandos que damos direto a nós. É a voz que emite comandos: de regras autoimpostas que nos limitam, falsas crenças, armadilhas mentais que se colocam diante das condutas. Em síntese: "não nos aceitamos do jeito que somos". Destruímos nossa autoestima.

Ao pensar e afirmar: "eu não posso" ou "eu não sou competente" ou "eu não mereço" ou "eu por último" ou "não alcanço essa meta" ou "não sou feliz" ou "não sirvo para nada" ou "não sou digno" ou "não vou conseguir" ou "é muito difícil para mim". Posso descrever mais assertivas de autossabotagem. Penso que sejam suficientes.

Nesse ensaio, vemos que se pensarmos desse jeito não iremos acreditar em nós. Nem teremos uma boa ideia a nosso respeito, pois não temos domínio sobre nossas condutas e nossa mente. Como desarmar essa armadilha? Como conseguirá sair desse ciclo? Entender como se formam, correto?

Uma barreira mental forma-se de 'pedras mentais'. Falando de preconceito, por exemplo. De uma pequena ideia que escutamos quando criança — mal elaborada — de julgar uma pessoa que não se conhece pela aparência. Vai-se construindo um obstáculo — sua barreira mental — de julgar todas as pessoas que não conhece pela aparência.

Está ficando cada vez mais difícil derrubar esse muro de ilusão, de falsas definições que se formam. Quanto mais 'pedras' — ideias mal elaboradas, analisadas e compreendidas —, se transformarão numa grande, densa e sólida barreira.

Vamos a outro exemplo da estrutura de um pensamento:

Uma pessoa, que tem habilitação, não gosta de sair durante o dia dirigindo seu carro. Têm receio do que pode lhe ocorrer. Vai pensando ou comunicando a si sobre o trânsito, troca de marchas, os perigos que pode passar ou ocorrer.

Essa pessoa está presumindo, prejulgando um comportamento, imaginando uma ação sem agir. Está se dando uma nota, fazendo uma avaliação, sem antes ter posto em prática o que sabe fazer.

O que diríamos a essa pessoa? Não seja tão severa. Não se imponha uma barreira. Espere que os obstáculos se apresentem para que você possa superá-los. Pode até ser que sejam perigos verdadeiros que a cercam. Mas, uma abordagem ao problema, poderia ser diferente. Como exemplo de 'pensar na atitude oposta': — "vou sair. Irei até onde preciso. Voltarei para meu outro compromisso".

Quando pensamos na atitude oposta, o corpo se coloca em outra disposição de entendimento.

Nossa composição se organiza e prepara para o que tiver que encarar com tranquilidade. Há uma descarga positiva de energia. Como se sabe: os neurotransmissores, do cérebro, entram em cena em situações que causam bem-estar e relaxamento.

Sendo assim, quando você se diz: "não sou feliz" ou "não consigo estudar". Pense na atitude oposta: "sou feliz" e "consigo estudar". Pensar na atitude oposta é trocar o "não querer" pelo "querer". Pensar que posso sair de carro, tomando os cuidados necessários, ajuda a atingir qualquer meta que estiver à sua frente que poderá alcançar com esforço e dedicação.

Pense como poderia ser: não haveria limites? Todas as possibilidades de concretização. Não haveria o que impusesse restrições ou censuras a nós mesmos. Correto? Não. Há limites. Devemos respeitar as barreiras sociais. Não passar por cima das regras de conduta social, das leis e dos bons costumes, que aceitamos e estabelecemos. Do que entendemos por concepções de ética e moral.

Resultado: é isso que torna a vida um constante exercício de convivência. É a arte do saber agir. Quando se interessar ou se esquivar? Quando deve ir em frente ou quando perceber que o melhor é não continuar? A experiência de vida lhe auxilia no equilíbrio de aceitar ou desapegar. Não se frustrar com as decepções.

O que é interessante é que podemos ir retirando, transformando, modificando essas estruturas em um trabalho de identificação, análise e superação física, mental e espiritual. Perguntando-se: quais são as minhas "pedras mentais"? Como elas podem estar impedindo meu crescimento pessoal ou profissional?

Boas ponderações! Quando acreditar em si, deixará de se sabotar.

Cena: Na entrada, uma varanda
de uma casa antiga

Numa cidade do interior, três senhoras de idade madura estão conversando. Amigas que já viveram em cidades maiores. Apenas Inês, a mais nova, nunca viajou para outro lugar distante. Sua vida ficou restrita à sua vizinhança. Tem a postura de uma perfeita dona de casa assumida. Dulce é a viúva mais nova, há um ano. Morou e estudou fora do país, quando seu marido trabalhou numa grande rede de varejo.

Gostam de estar juntas, quando conseguem. Tomam chá ou café. Assam uma torta ou um bolo e falam de tudo que pode ser atual. Quem tiver a melhor ideia é escalada. Hoje é dia de Lina fazer a receita que aprendeu em um programa de televisão. Está concentrada fazendo a receita. É a mais velha das amigas, morou na cidade vizinha, a capital do estado, dez anos atrás. Tem um temperamento menos tolerante. É rígida com suas crenças.

Já deixaram de se falar por meses, quando a conversa desandou para as preferências com times de futebol. Isso mesmo. Acreditem! Deixaram de se falar por conta dos resultados de seus times. As três torcem para times diferentes. Quando estão na frente da tabela, até que se conformam. Mas, quando a disputa é por uma taça ou campeonato, a opinião e o ânimo mudam.

Por conta desse período que não se viram, decidiram que futebol é assunto proibido entre elas. Mas, gostam de um bom debate, e têm opiniões opostas sobre muitos temas. Talvez, por isso, ainda mantenham essa amizade.

Lina traz a torta que está pronta, depois vem trazendo o café.

— Hoje não terá chá? — Dulce pergunta.

— A água está esquentando. Espere — Lina deixa o café na mesa e vai buscar a água quente.

Sentam-se e começam a ser servir. Enquanto Lina estava na cozinha, Dulce conversava com Inês, que é dona daquela casa antiga. Inês dizia a Dulce que ela precisa tentar recomeçar sua vida. Na maior parte de seu tempo, tem ficado em casa sozinha. Nem sempre se encontra com as amigas.

— Você precisa aceitar o que não pode ser mudado — Inês pondera.

— Já disse isso a ela — Lina se diz a melhor amiga de Dulce — ela não me escuta. Já disse isso a ela várias vezes.

— Tome mais um chá — Inês serve-lhe mais uma xícara. Estende a mão para Dulce e completa: — Acredite em você. Olhe o tanto que já fez na vida. Não se importe com o que outros dizem.

— Você tem rezado? — diz Lina que é muito religiosa. Crê que a oração é transformadora. Já ofereceu algumas orações a Dulce.

— O bastante para saber que isso não me acalma. Não trará o que quero de volta — Dulce chega a ser agressiva quando lhe perguntam sobre suas crenças.

— Quando se acredita em algo, se consegue superar com mais facilidade — Inês comenta e sabe que se ela for para o lado do amor Dulce será mais flexível.

— Como está a sua fé no dia de hoje? — a intrigante Lina prefere colocar o dedo na ferida.

— Pergunto por que têm pessoas que vacilam em suas crenças — completa seu raciocínio menos amistoso.

— Amigas, estou vendo que assim como o futebol, daqui a pouco vamos ter que tirar esse assunto da ordem do dia. Assim não aguento. Quero tomar meu chá e comer a torta. Posso? — dispara Dulce com os olhos querendo se encher de lágrimas.

O momento é de silêncio. Cada uma toma um gole, cortam pedaços de torta, saboreiam. Continuam em silêncio por minutos. Olham-se e percebem que precisam saber quando estão sendo inconvenientes. Dulce quer desabafar:

— Tenho estado bem. Poderia estar melhor. Sei que poderia estar melhor, mas quando me comparo a Dulce de dois anos atrás vejo que estou melhor. — Seu marido sofreu muito com uma doença e ela esteve ao seu lado durante sua passagem.

Lina, entre uma garfada e outra, mostra-se cheia de fé:

— Minhas orações têm valido. Têm valido a pena. Lembro-me que você foi muito religiosa quando morou aqui — Lina relembra quando iam juntas dedicar seu tempo em trabalhos sociais — completa: — Mas, você passava por um problema e já desacreditava. Ficava em dúvida.

— Lina, sou consciente que tenho que ter firmeza ao acreditar em um valor espiritual. Ter fé é ter confiança — Dulce fala em voz alta o que precisa acreditar.

Nesse instante se olham e estão mais tranquilas. O ambiente começa a ficar mais leve e descontraído.

— É o seu testemunho — diz Lina.

— Pessoal e autêntico — Inês afirma — Você tem que aceitar e seguir o que for melhor para você — Inês completa.

— É o que se diz na linguagem popular — Lina está mais contente.

Inês tem sensibilidade, coloca um ponto importante:

— Suas crenças não fazem de você uma pessoa melhor, mas suas atitudes.

— O pedido com fé tem que vir do coração. Essa é a melhor oração — Inês em suas palavras dá sua visão de amor incondicional que sempre reconforta.

— Concordo. Concordo com o que estão dizendo — diz Dulce. — Por isso, tenho preferido ficar no meu canto. Estou buscando forças para superar. Você pode respeitar esse meu momento? — Dulce apenas quer curtir o chá.

Inês intervém para que a conversa não se torne mais um distanciamento entre as amigas de todas as tardes.

— Vamos falar dos filhos e netos? Que tal? Olhem a foto que minha neta me mandou da casa de sua amiguinha. Estavam fazendo bolo de cenoura. Vejam — mostra em seu celular.

As amigas sabem que a dor e o luto têm seu tempo. E o dia seguinte sempre pode ser melhor.

30
Do começo, do presente, do futuro

Um ponto é de como somos percebidos pelos outros. Como pessoas agradáveis ou desagradáveis, sendo abertas, autênticas, verdadeiras, genuínas ou disfarçadas, dissimuladas, fingidas, afetadas. Uns vão nos considerar quietos ou sossegados demais, outros agitados ou abusados demais. Outro ponto é de como agir e pensar em relação a nós mesmos: seremos pessoas sinceras, francas, acessíveis ou pessoas falsas, traidoras, desleais.

No resultado, estaremos entre os polos de admiração e rejeição. Ou sabe-se lá como somos vistos e como nos vemos. Não importa. O que importa é não ser chato, inconveniente, desonesto, injusto. Estamos propondo que o conjunto da sua obra seja simples e bem-feito.

É saudável um exercício de reflexão sobre o que se observa no cotidiano, quando se medita nos entrelaçamentos e nas relações interpessoais, que mostram as condições, as circunstâncias, de como as pessoas com seus estilos se relacionam de maneira, excessivamente, sincera, e de como se manifestam as tais "pedras mentais", expressas ou exteriorizadas, perante uma situação. E quaisquer que sejam as posturas fiéis aos seus princípios há sempre que compreendê-las em seus contextos.

Pensar nos dias seguintes seria exercício de planejamento ou perda de tempo? Gosto dessa palavrinha: depende. Uma ideia irá sugerir e mostrar um caminho a percorrer. O que se supõe é que poderá ocorrer ou não. Há eventos costumeiros que serão fáceis de ser acertados. Outros por ser eventuais entram no campo matemático das probabilidades. Pode ser que sejamos metódicos: colocamos tudo num plano de ação. Mas, não dá para garantir que o ‹pensado de hoje› será o ‹porvir de amanhã›. O caos que vivemos, com tantas variáveis complexas, é maior do que possamos pensar ou prever. A incerteza acaba vencendo.

Em algumas fases de estudos, me concentro em temas de história, geografia humana e biografias. Quando pesquiso, deparo-me com os detalhes. Atenho-me às viradas de mesa: quando se reconhece que o esforço pode estar valendo ou daquele momento em que deu um 'clique' e uma boa ideia surgiu. No fundo, era uma pequena ideia que se transformou em grande. São os inícios, as partidas, as entradas às novas perspectivas. Um começo de algo que se transforma.

Nessas histórias, reconheço pessoas que dedicam suas vidas a ajudar ou a modificar a vida, os hábitos e costumes de outras pessoas. Elas têm uma característica, nem sempre destacada, mas demonstram que são pessoas sinceras. São autênticas, legítimas, verdadeiras. Podem ser um pouco desligadas, mas não são perdedoras. Essas pessoas sinceras não são falsas, nem más. São fiéis e movidas por forças interiores de superação.

O que se pode destacar é que sempre existe uma atitude, uma decisão ou uma rotina alterada. Podem ter se desviado de seus caminhos, mas não perderam a crença de que essa vida tinha algum propósito, precisa ser vivida para alguma coisa. Assim, essas reflexões abordaram experiências de vida acumulada. E, provoco-lhe, como a mim mesmo, com a pergunta: qual é o seu propósito de vida?

Entendo que para se viver nessa caminhada é preciso agir com gentileza e sinceridade. Deixar que os deuses, mentores ou espíritos se encarreguem de fazer com que as engrenagens das circunstâncias sejam os meios de afastar ou aproximar pessoas, objetos ou ideias para que possa cumprir minhas tarefas.

Não penso no destino, naquilo que possa estar me reservando algo de especial ou catastrófico. Penso que qualquer pessoa, quem quer que seja, tem que ter experiências positivas de valor, independente de sua condição pessoal ou social. Sendo assim, não atribuo demasiada importância aos fatos de cada história, até porque seria insensato, mas considero que o peso do contexto em suas experiências devem ser consideradas.

Sendo assim, deixo a cada um a esperança de muita inspiração, pelo que lhe seja ou venha a ser de mais sagrado em seu interior, e que sempre lhe acrescente alegria nas situações do seu cotidiano.

Volto-me para uma daquelas frases populares — elas retratam microanálises filosóficas — que "para se caminhar até um destino, tem que dar o primeiro passo". Ou que "aos poucos se chega longe".

Cena: Numa maternidade de uma grande cidade

Dois pais estão do lado de fora de um berçário. Um deles é jovem, tem menos de vinte e cinco anos: Vitor. O outro pai, Guilherme, tem o dobro da idade. Estão sorrindo de alegria. Lê-se nas plaquinhas de identificação o nome de uma das crianças, que nasceram com intervalo de dois minutos. Cauã, é o mais novinho, está coberto por uma manta azul, é filho de Vitor. O outro, sem nome, tem uma manta branca. A enfermeira passa, pega a plaquinha e faz uma anotação. Escreveu um nome: Barão. O pai, Guilherme, chama-a pelo vidro, fazendo um sinal com a mão. Ela sai e ele lhe diz:

— Não sabemos o nome que daremos ao menino.

— Eu sei, falei com sua esposa. Só coloquei para nossa identificação — diz a dedicada enfermeira.

— Está bem, está bem — resigna-se Guilherme.

— Não tem nome? — pergunta Vitor.

— Ainda não. Minha esposa quer pensar melhor. Eu respeito...

— É interessante. Um jeito diferente de pensar. O nome de Cauã foi escolhido quando eu e minha esposa ainda namorávamos.

— Que legal! — Guilherme entra na conversa.

— Temos pensado muito em como iremos cuidar e educar nosso filho — continua Vitor. — Estou muito feliz. Meu primeiro filho homem. Assim como eu, na minha família. A orientação dos pais é muito importante.

— Que bom que pense assim...

— Nunca pensei de maneira diferente. A família é a base — Vitor mostra-se mais velho do que parece. Continua em clima de euforia. — Sem uma família bem estruturada a vida os filhos pode virar uma bagunça.

Guilherme observa e fala de sua alegria, em tom mais pausado:

— Esse é meu primeiro filho, uma experiência e tanto na minha idade. Minha esposa fez todas as contas para que ele nascesse em um melhor horário, no melhor dia. Mas não deu certo. Ele nasceu quando achou melhor...

— Interessante. Interessante. Já me vejo andando com ele, levando aos lugares que ele precisa conhecer. Sabe? Como aquele paizão que faz tudo para o filho? — Vitor quer ter mais um filho. De preferência que seja homem.

— Guilherme escuta com atenção. E dialoga: — Sempre é bom orientar, dar as pistas, indicar os bons caminhos. Mas, deixarei que ele faça suas escolhas.

— Gostaria que ele seguisse o que minha família vem fazendo há anos. Somos advogados. Meu avô, meu pai, eu sou advogado. E meu filho será também! — é o que prevê Vitor.

Não é o local para um choque de opiniões. Os dois pais estão comemorando e celebrando a vida. Guilherme sabe que o melhor é ser cordial e deixar fluir a conversa naquele momento de felicidade. A enfermeira entra e pega Cauã que tem que ser levado para um exame de rotina. Os pais se despedem.

Há mais exames. Há algo mais a ser analisado. Dois dias depois e somente um deles terá alta. Um dos meninos ficou para fazer uma cirurgia no coração. Ficará mais seis meses no hospital. Sairá bem. Sua vida será livre e bem resolvida.

"Os homens semeiam na terra o que colherão na vida espiritual: os frutos da sua coragem ou da sua fraqueza."

Allan Kardec.

Resposta da cena narrada na página 59:

Considerando que você está em um processo de seleção de um hospital, as perguntas estão tentando indicar ocorrências comuns naquele cotidiano. Apesar do nosso estilo e comportamento, há tarefas que têm que ser cumpridas.

Dentro desse contexto, poderá haver mais de uma reposta aceitável. Não há o certo ou errado. Você agirá com sua carga racional, emocional, espiritual daquele momento. Em outras oportunidades poderá estar mais preparado para responder.

Na cena desse caso, todas as repostas deveriam ser dadas. Se uma ou mais não fossem respondidas haveria desclassificação. No processo de seleção, as respostas deveriam ser coerentes com os assuntos, negociadas a cada episódio, no conceito ganho-ganhas, isso é: todas as partes ganhariam. Poderiam estar sendo elaboradas, assim:

1 – Há situações em que devemos seguir protocolos; rotinas, normas e procedimentos; há outro momento para se debater esses assuntos; anotar as sugestões para uma provável mudança ou melhoria.

2 – Se estiver em algum plantão, recepcionar quem estiver com o paciente; encaminhar à emergência; não ficar divagando.

3 – Se for destacado como mediador, devemos escutar as partes; saber se há testemunhas; inicialmente, não ouvir todos no mesmo ambiente; buscar se há provas materiais (vídeos/gravações); não dar opiniões antecipadas; fazer o relatório.

4 – Se for sua atribuição, se está sendo contratado para aquela função, deveria executar a tarefa da melhor maneira possível.

O profissional zen

Ordenado de forma lógica e sequencial, a obra oferece um conjunto de técnicas humanistas, de sensibilidade e intuição, a quem quiser ser um empreendedor com ética nos negócios e na vida pessoal. Aprenda como ser feliz sendo um profissional zen: sem estresse, centrado e equilibrado, e sem perder de vista o sucesso profissional.

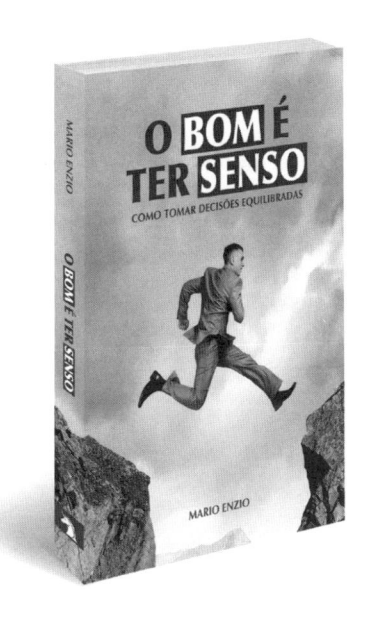

O bom é ter senso

Qual o melhor momento para tomar uma decisão? Bom senso é o mesmo que senso comum e senso crítico? Mario Enzio desvenda todas essas questões e ensina ao leitor como perceber o mundo à sua volta, esperar o dia seguinte para tomar uma decisão importante e confiar em sua força interior.

Conheça mais sobre espiritualidade com outros autores de sucessos.

vidaeconsciencia.com.br /vidaeconsciencia @vidaeconsciencia

VIDA & CONSCIÊNCIA
EDITORA

Rua Agostinho Gomes, 2.312 – SP
55 11 3577-3200

contato@vidaeconsciencia.com.br
www.vidaeconsciencia.com.br